Das erste auto-mobile der Weltgeschichte
Des Jesuitenprofessors Ferdinand Verbiests Erfindung
für den Kaiser von China（1676/1678）

世界历史上的第一辆汽车

南怀仁献给康熙皇帝的一项发明

［德］盖尔德·特莱菲尔 / 著　李卫华 / 译

华南理工大学出版社
·广州·

著作权合同登记号图字：19-2019-080
图书在版编目（CIP）数据

世界历史上的第一辆汽车：南怀仁献给康熙皇帝的一项发明 /（德）盖尔德·特莱菲尔（Gerd Treffer）著；李卫华译. —广州：华南理工大学出版社，2019.9
书名原文：Das erste auto-mobile der Weltgeschichte-des Jesuitenprofessors Ferdinand Verbiests Erfindung für den Kaiser von China（1676/1678）
ISBN 978-7-5623-6109-1

Ⅰ. ①世… Ⅱ. ①盖… ②李… Ⅲ. ①汽车-历史-世界 ②中德关系-国际关系史-史料-清代 Ⅳ. ①U46-091 ②D829.516

中国版本图书馆 CIP 数据核字（2019）第 196394 号

Shijie Lishi Shang De Di-yi Liang Qiche：Nan Huairen Xiangei Kangxi Huangdi De Yixiang Faming
世界历史上的第一辆汽车：南怀仁献给康熙皇帝的一项发明
（德）盖尔德·特莱菲尔（Gerd Treffer）著；李卫华 译

出 版 人：卢家明
出版发行：华南理工大学出版社
（广州五山华南理工大学17号楼，邮编510640）
http://www.scutpress.com.cn　E-mail：scutc13@scut.edu.cn
营销部电话：020-87113487　87111048（传真）

策划编辑：吴翠微
责任编辑：陈　蓉
印 刷 者：广州市新怡印务有限公司
开　　本：890mm×1240mm　1/32　印张：3　字数：76千
版　　次：2019年9月第1版　2019年9月第1次印刷
定　　价：33.00元

版权所有　盗版必究　印装差错　负责调换

序

德国孔子学院的任务是为中德文化牵线搭桥。借此书，奥迪英戈尔斯塔特孔子学院（Audi Konfuzius-Institut Ingolstadt，AKII，以下简称"奥迪孔院"）的工作人员、历史学家盖尔德·特莱菲尔博士（Dr. Gerd Treffer）为双方搭起了这样一座桥梁。

经悉心研究，他发现世界上第一辆汽车源于中国。它出现于17世纪下半叶，由耶稣教会的弗拉芒传教士南怀仁（Ferdinand Verbiest，1623—1688）为清朝定都北京后的第二位皇帝康熙帝（爱新觉罗·玄烨）所造。年轻的康熙帝很早就继承了皇位，他请西方传教士为其讲解天文、数学和技术知识。这辆可以自己行驶的汽车无法实现运输功能，仅作为一个示范装置用来直观地演示蒸汽机原理。

这项发明在当时曾引起轰动。奥迪孔院得知了这些信息后，希望对此做出更深入的了解。奥迪孔院坐落在拥有一个知名汽车制造商和众多汽车爱好者的英戈尔斯塔特市。通过历史研究，我们意识到，本书为中德文化架起了一座有特色的桥梁。本书收录了我们能够掌握的所有关于南怀仁汽车发明的信息。希望您也和我们一样，对内容充满了期待和好奇。

奥迪英戈尔斯塔特孔子学院祝您开卷愉快！

彼得·奥格斯德菲尔教授、博士
（Prof. & Dr. Peter AUGSDÖRFER）
奥迪英戈尔斯塔特孔子学院德方院长

目 录

1. 南怀仁与世界上第一辆汽车 …………………………… 1
2. 背景——耶稣会在华传教 ……………………………… 4
3. 南怀仁及其他在华的传教士 …………………………… 9
4. 南怀仁的《欧洲天文学》 ……………………………… 17
5. 基础研究 ………………………………………………… 37
6. 发明顺序问题 …………………………………………… 41
7. 第一辆汽车在欧洲的反响 ……………………………… 49
8. 南怀仁的发明对 100 年后的伯克曼和 200 年后的奔驰及古伯察的影响 …………………………………………… 59
9. 世界上第一辆汽车的发明及演示时间 ………………… 67
10. 文学再现 ………………………………………………… 73
11. 图形描述 ………………………………………………… 77

参考文献 …………………………………………………… 83
后记 ………………………………………………………… 88

1. 南怀仁与世界上第一辆汽车

南怀仁（Ferdinand Verbiest，1623—1688）系比利时弗拉芒人，是著名的耶稣会在华传教活动的奠基人之一，同时也是一个"天才的发明家和善于创造的机械设计师"[1]。

南怀仁自1660年在北京任神父，最初作为时任朝廷钦天监监正，并且是皇帝好友和顾问的天文学家汤若望（Adam Schall von Bell，1592—1666）的得力助手，随后（1669年）又接任汤若望出任天文和数学总管。直到1688年去世前，南怀仁主管天文和数学，任钦天监监正，官至正二品。南怀仁是一个地地道道的"工程师"[2]——尽管当时还没有这个称呼，他不仅极具创造力和想象天赋，在各个领域都有建树，而且有很强的执行力。当情况需要时，他还会铸造火炮[3]。有时间时，他会开发新的"天文仪器，用来测量星辰的位置、高度、角度、移动轨迹和升落时间"（1674年）[4]。

严格来说，他还是世界上第一个发明不借助外力（人力或动物力量）就可以自行移动和停止的行驶装置的人，他制造了世界上第一辆汽车[5]，是真正做到让汽车行驶的第一人。"这比卡尔·弗里德里希·奔驰（Carl Friedrich Benz）和戈特弗里德·威尔海姆·戴姆勒（Gottfried Wilhelm Daimler）[6] 早了近 200 年——并且（因为是蒸汽动力车）比詹姆斯·瓦特（James Watt）早了近 150 年。"[7] 南怀仁带给这个世界的（其实更准确地说，应该是"带给马路的"），是他为中国皇帝设计和制造的一个"玩具"。他的初衷绝对不是因为任性和玩心，而更多的是出于一个工程师（对书面设计出来的方案）进行实验验证的兴趣。借此，他也给一直对他十分友好的康熙帝一些启发，告诉他西方科学的境界。同时也是一种政治建议，希望康熙帝可以考虑，中国和"欧洲"之间可以开启怎样的合作前景。

【注释】

[1] 埃斯特·史蒂默：《携望远镜和〈圣经〉到金銮宝殿——汤若望（1592—1666）：皇帝的天文学家、朋友和顾问》，tredition，2013 年，第 222 页。

[2] 雷若·维因：《汽车之始祖——几乎被遗忘的流线型设计之始祖》，载麻省理工学院《科技评论》，1939 年，第 169 页。关于耶稣会士（例如科斯多夫·史纳尔和南怀仁）的"工程贡献"，另参见：盖尔德·特莱菲尔：《在华耶稣会传教活动》，英戈尔斯塔特，2016 年，第 82 页。

[3] 盖尔德·特莱菲尔：《在华耶稣会传教活动》，英戈尔斯塔特，2016 年，第 85 页。

[4] 埃斯特·史蒂默：《携望远镜和〈圣经〉到金銮宝殿——汤若

望（1592—1666）：皇帝的天文学家、朋友和顾问》，第223页。

[5] 关于南怀仁是世界历史上制造汽车第一人的观点，德国《时代周刊》2004年第21期（2004年3月13日）的科学专题记者乌尔里希·施纳贝尔（Ulrich Schnabel）有如下解释：对此的设想此前就有，例如达·芬奇（Leonardo da Vinci）也设计了前瞻性的飞机装置，但却终未能实践。与其不同的是，南怀仁的汽车真的可以行驶。达·芬奇的汽车设计原理是基于一个弹簧装置（类似孩子们在地板上揉搓后放开反弹的弹簧玩具），这些作为驱动力的弹簧首先要用人手加压绷紧。达·芬奇的"发明"没有想过要较长距离地行驶甚至是运输人员或货物。乌尔里希·施纳贝尔在文中还写道："它开动起来了：达·芬奇的汽车500多年后首次被制造出来"。另参见：http://www.leonardodavinciinventions.com/mechanical-inventions。

[6] 埃斯特·史蒂默：《携望远镜和〈圣经〉到金銮宝殿——汤若望（1592—1666）：皇帝的天文学家、朋友和顾问》，第223页。

[7] 维因在《汽车之始祖——几乎被遗忘的流线型设计之始祖》（第169页）中指出，布兰卡（Giovanni Branca）早在1629年罗马出版的《机械论》中就已经介绍了一部蒸汽涡轮机。同样，这里的关键也是实施与否。维因的说法很明确，他认为即使南怀仁看过这部著作，也没有在其汽车上借用过其中的细节。

2. 背景——耶稣会在华传教

要理解这一点，就需要对耶稣会在华传教活动的起源加以了解。耶稣会将带给远东地区人民的耶稣福音发展到中国朝廷层面。虽然这一点不需遮遮掩掩，但也不会重点宣传。要在朝廷这个层面立足，就需要一个理由，那就是将当时西方领先的工程和技术领域的"自然科学"带给东方国家。因此，去中国传教的任务就责无旁贷地落在了同时也是欧洲各个大学精英学者的耶稣会士们身上。教皇决定，中国教区首先由耶稣会单独负责，将其他教会排除在外。

将"耶稣救赎论"传播到世界各大洲是耶稣会纲领的重要部分。为此，需要有坚定的信仰和高涨的热情。但是在和中国这个高度发达的文明相遇时，仅有这些还是不够的。[1]

欧洲的学者们惊讶地发现，远在欧亚大陆的另一端，也就是

2. 背景——耶稣会在华传教

说在遥远的世界尽头,还有另外一个他们至今不曾了解的、可以与欧洲文明相抗衡的文明。在那里,人们发展出了一套自己的生存和生活技能,以及一套与欧洲不同的用来巩固国家结构和稳定社会政治的哲学体系,这些都值得欧洲的精英们去研究。在这个过程中,德国的代表是莱布尼茨(Leibniz),法国的代表是伏尔泰(Voltaire)。

在与高度发达的中华文明交往的过程中,首先需要的就是优秀的科技人才。他们被耶稣会派往中国,一方面因为他们可以用其掌握的科技知识赢得尊重和重视,另一方面也因为他们有自己独到的传教方法。

耶稣会士"通过他们的数学和天文知识赢得了皇帝的青睐……在他们的帮助下,中国修订了历法中亟须改进的地方,得以与自然季节重新吻合"[2]。

历法的制定是朝廷的一项重要任务,因为"农作物的播种……"[3],"甚至连婚丧嫁娶和经商的最佳时间都按农历……"皇帝既然是"天子……就要一方面对其子民负责,另一方面对上天的意志负责,尽早排除可能的障碍,实现和谐"。从这个意义上来说,当时皇家观象台(钦天监)的工作则具有十分重要的政治意义[4]。

耶稣会士在中国朝廷所取得的影响力归功于他们的教育,但同时也归功于他们对东道国文化、思想、生活和哲学的理解、处理能力以及他们所表现出的对当地文化的尊重。

他们摒弃了"基督教征服者内在的优越感"[5],尊重当地的文化和民族性[6]。他们穿和中国文人一样的服饰,学习汉语,适应清朝体制,研究当地哲学并且学习和讨论孔子思想。"耶稣教士的适应能力可谓是其成功的秘密"[7]。

在全球文化的早期碰撞中,文化适应力是跨文化交往中相互尊重和实现平等的一个行之有效的方法[8]。

【注释】

[1] 盖尔德·特莱菲尔:《在华耶稣会传教活动》,第19页。

[2] 关于历法革新对中国政治的作用参见盖尔德·特莱菲尔《在华耶稣会传教活动》一书的第67页,其中还介绍了欧洲的历法革命(此处所指历法即自1582年开始通行的公历),同时也谈及了来自班贝格、曾是罗马梵蒂冈天文台科学工作奠基人,被当代人尊称为"16世纪的欧几里得"的克拉维乌斯(Christophorus Clavius)。根据《青石存史:"利玛窦和外国传教士墓地"的四百年沧桑》一书,北京耶稣会士墓地的碑文里将他称为"现代公历的首席设计师"(北京行政学院著,北京出版社,2011年,第9页)。

[3] 康拉德·赛茨:《中国——一个世界强国的复兴》,goldmann,2006年,第70页。

[4] 参见盖尔德·特莱菲尔《在华耶稣会传教活动》的"中国天文学"部分,第64页及后续几页。

[5] 参见丽塔·豪布的《利玛窦——欧洲使者和中国第一位国际公民》,载于丽塔·豪布和保罗·奥博霍茨合著的《利玛窦与中国皇帝——耶稣会在华传教活动》,echler,2010年。

[6] 据此可以看出不同的传教模式,在西班牙属美洲的模式最初是多米尼加教会、奥古斯丁教会和方济会模式,在葡萄牙属远东地区是耶稣会模式。

[7] 丽塔·豪布：《利玛窦——欧洲使者和中国第一位国际公民》，载于丽塔·豪布和保罗·奥博霍茨合著的《利玛窦与中国皇帝——耶稣会在华传教活动》，echler，2010年，第12页。

[8] 这也符合耶稣会士喜欢克服摩擦、突破阻力和进行考量的乐趣。站在知识和发展最前沿的人，会对其能力充满信任，不畏陌生挑战。不自信的人就不敢坦然应对讨论。十七、十八世纪的中欧文化交往，中国没有停止过，耶稣会士也没有停止过。

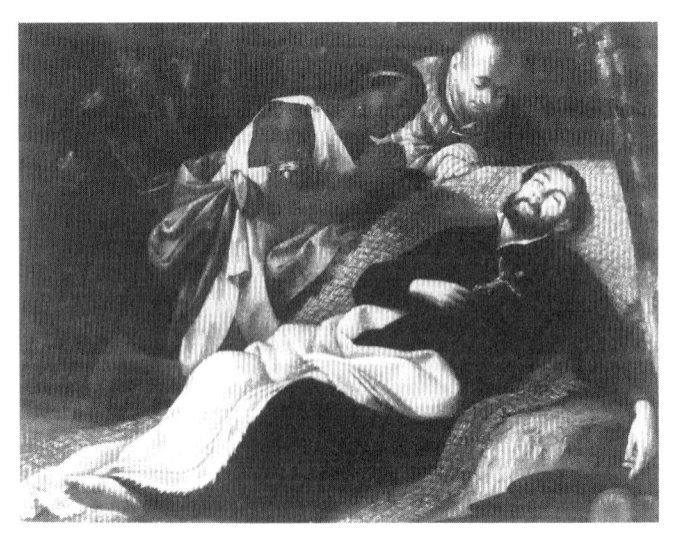

《方济各·沙勿略卒于抵达中国大陆前——在上川岛上》
（油画，收藏于英戈尔斯塔特市立博物馆）

3. 南怀仁及其他在华的传教士

中国长期以来处于闭关锁国的状态，每个试图到中国的欧洲人都冒了生命的危险。

如同摩西对应许之地的眺望一样，"方济各·沙勿略（Franz Xaver）未能进入中国就去世了"。几个世纪以来，成了无数作家、画家、雕塑家和神学家艺术再现的一个主题。作为耶稣会创始人依纳爵·罗耀拉（Ignatius von Loyola）的同仁和积极在东方国家传教的会士，沙勿略于1552年在中国沿海的上川岛逝世，终生未能踏上中国大陆[1]。

他后来的一位继任庞嘉宾神父（Kaspar Castner）于1665年出生于慕尼黑，在英戈尔斯塔特完成大学学业，在巴伐利亚州立大学取得神学博士学位。1700年，他被派往上川岛，奉命在沙勿略去世的地方建一座小教堂。关于庞嘉宾神父的详细报告资料，我们会加以分析后再另行陈述[2]。

利玛窦（Matteo Ricci）是中国近代史上第一位来到中国、被允许在此定居并深受尊重和喜爱的耶稣会士。万历皇帝授予其

"学者、圣人和尊师"的称号,并封其为清朝官员。对于耶稣会的工作来说,这可谓是天赐之礼,确立了利玛窦在耶稣会在华传教过程中的创始人地位[3]。1610年,万历皇帝在北京西城门外为利玛窦封赏了一块墓地,作为其安息之所。这就是后来著名的"滕公栅栏"墓地,也被称为"利玛窦和外国传教士墓地"。1984年,该墓地被划为全国文物保护单位。

院内一个特别区域的三块墓碑让人印象最为深刻:第一块是利玛窦的。第二块是汤若望的。汤若望有着近乎让人难以置信的不凡生涯,在科学和宗教领域均有伟大建树,曾被皇帝器重,也曾深陷死牢,后因京师地震被赦,曾官至一品,为"朝廷要员"[4]。第三块墓碑,则是为南怀仁而设的[5]。

南怀仁

南怀仁于1623年10月9日出生于西属尼德兰的皮特姆地区(今位于比利时),1641年在梅赫伦加入耶稣会[6]。

1657年,他自愿接受派遣前往中国传教。他乘坐名为"Bom Jesus de Vidigueira"的轮船于1658年6月抵达澳门。南怀仁充满冒险的人生经历也成了戏剧作品中喜闻乐见的题材,例如有的作品描述了他乘船8个月才到了印度果阿邦,然后又乘船7个月才到了澳门的经历。在传教士赴中国布道的早期,乘船传教士的生存率只有2/3。1660年,汤若望将南怀仁调至京城。去往京城虽然一路艰辛,但充满了荣耀。南怀仁的马车有快马开道,高举"皇帝召见南怀仁博士"的匾牌。但是刚到京城一下马车,迎接他的却是牢狱之灾。"双脚、双臂和脖子分别都被锁上了三条铁链,每条长度达12英尺(约3.65米)。"[7]

不争的事实是:在1664—1665年对基督教徒的迫害期间,他和汤若望都被关进了牢狱。导致情况急剧恶化的原因是当时政局动荡以及仇外摄政势力当权，致使传教士遭到迫害。对他们的审讯持续了5年之久。人们对他们的科学研究进行了彻查，反对者们诬陷他们将一天分成了96个单位（而不是100个单位），每个单位15分钟，从而有意"缩短了天时"。汤若望被判磔刑（五马分尸）；南怀仁的刑罚则轻一些，为绞刑。行刑之前，突然发生了一场让刑部感到十分惶恐的大地震，这才让他们幸免于难。当时在北京的其他传教士皆多数被流放到了广州，只有4人被留在了北京，他们被软禁在家进行天文研究，南怀仁就是其中一位。

1667年，康熙14岁成人，亲政登基。由于南怀仁很懂得如何用巧妙的工艺演示来打动这位年轻的君王，故得以接替汤若望以前的职位，1669年开始担任钦天监监正，掌管清朝的天文和数学，直至1688年去世[8]。1669年，南怀仁证明自从汤若望被捕后天文历算中的错误增加，为汤若望成功平反[9]。年轻的康熙帝正好利用南怀仁此举来"消除摄政势力"[10]。南怀仁成了康熙的恩师和顾问。

这次转折之后，直到17世纪70年代，南怀仁不仅是朝廷的钦天监监正，同时还是皇帝的顾问，一定程度上也可以说是其科学导师。康熙帝勤勉擅学，"不能容忍自己虚度光阴而无法汲取新鲜知识"[11]。1674年，南怀仁被封满族身份，实为朝廷的首席工程师。他按照自己发明的铸造方式亲自设计和监造了328台火炮，改良了中国的炮兵。此时的南怀仁也是一个高级外交官。

耶稣会的工程师全才

毋庸置疑，南怀仁不仅在天文学方面有着极深的造诣，同时还是一个几乎通晓所有学术领域的通才，甚至包括语言、政治和外交[12]。

除了数学、天文和物理学等领域的基础研究，耶稣会的优秀学者们在发明创造和机械设计方面都颇有建树。用现代的语言来说，他们是发明家和工程师。这一点从英戈尔斯塔特的耶稣会士克里斯多夫·沙伊纳（Christopher Scheiner，1573—1650）教授身上就可见一斑。沙伊纳曾一心希望去布道，但可惜他的愿望遭到拒绝。南怀仁肯定认识沙伊纳。沙伊纳是著名的天文学家，是太阳黑子的发现者。在这一点上他和伽利略发生过争论，争论谁最早发现了太阳黑子。同时他也开创了光学领域的先河，在其著作《眼睛：光学的基础》中，他成功阐述了眼睛在不同光线和距离下的适应性反应，并发现了视网膜作为重要视觉器官的作用。由他开创的眼外科手术，直到今天还被广泛应用。他发明的伸缩绘图器是世界上第一台复印机，同时也是世界上第一次应用图像缩放功能。这台设备不仅可以进行二维操作，同时还可以复制三维物体，例如精准复制雕像[13]。

以沙伊纳为代表的老一代科学家，无疑对南怀仁的发展起到了榜样作用。南怀仁负责过的"工程"，包括北京城防的翻新（文艺复兴时期，德国的城防建设已经广泛应用数学知识）和欧式火炮的铸造（其中一台陈列在德国英戈尔斯塔特新城堡的庭院中）。他绘制了包含世界各地的《坤舆图说》，在观星台的修复方面起到了核心的参与作用（1673年），另外他还设计出了一套"用于测量星体位置、高度、角度、移动和升落时间的"[14]新一代大型天文装置（1674年）。北京古观象台陈列的六台天文装置均出自南怀仁之手，这些在当时都是世界上最尖端的技术设施。

张西平教授对南怀仁的描述是，他是明清交替时期"最大程度上把机械和物理知识引入中国的人"[15]。南怀仁是一个天才人物,他建造了若干机械装置和设备。1679 年,他还把自己成功创作的一个温度计和一个湿度计献给了康熙皇帝[16]。

1678 年,受皇帝的委托,南怀仁以翻译和谈判代表的身份与俄国进行了谈判,目的是促成一条从欧洲到中国的陆路交通线[17]。

通过技术宣传信仰

同伟大的传教士和科学家汤若望一样,南怀仁以及所有在华工作的后继者们都把传播最先进的科学知识看作是基督教传播的一个途径。南怀仁告诫自己的后继者们,希望他们可以"不遗余力地继续坚持数学理论和实践;因为就像伯利恒之星曾带给人们神的指引一样,星相知识也能指引这些东方的君王,慢慢认识到并开始信奉上帝的力量"[18]。

在南怀仁的努力下,康熙皇帝认可了中国的天主教会并赋予它和其他宗教平等的地位。为了帮助更多的民众,南怀仁创立了北京东城的天主教东堂。1681 年,教皇颁布通谕[19],表示对南怀仁在华所做出的功绩和贡献的认可和褒奖。

【注释】

[1] 关于方济各·沙勿略(Franz Xaver)还未到达中国就去世了的记录,参见盖尔德·特莱菲尔的《在华耶稣会传教活动》第 25 页及后续几页;关于方济各·沙勿略的生平,参见乔治·伦德:《叙事:侵略者方济各·沙勿略》(第二版),弗莱堡,1965 年;丽塔·豪布、尤里斯·奥斯瓦特:《方济各·沙勿略——耶稣会传教活动的支持者》,载《方济各·沙勿略逝世 450 周年纪念合集》(第四卷):Schnell und Steiner,2002 年;另参见 Joseph Dehergne:《1552—1800 年在华耶稣会士列传》,罗马、巴黎,1973 年,列传第 904 号内容。

[2] 参见盖尔德·特莱菲尔《在华耶稣会传教活动》（2016 年）中"庞嘉宾神父——佛山首位耶稣会士"一节（第 127 页），参见其中的：耶稣会出版刊物之备注 14，奥格斯堡，1729 年；另参见：盖尔德·特莱菲尔的《佛山历史要事》，2015 年，第 17 页及后续几页。关于庞嘉宾神父（Kasper Castner）在 Sancia 建立纪念教堂的相关资料，奥迪英戈尔斯塔特孔子学院将另立项目加以研究。

[3] 参见盖尔德·特莱菲尔：《在华耶稣会传教活动》中的"创始人：利玛窦"一节（第 29 页及后续几页）。

[4] 此处指汤若望，参见盖尔德·特莱菲尔：《在华耶稣会传教活动》，第 69 页及后续几页；另参见埃斯特·史蒂默：《携望远镜和〈圣经〉到金銮宝殿——汤若望（1592—1666）：皇帝的天文学家、朋友和顾问》，2013 年。

[5] 南怀仁被时任钦天监监正的汤若望调至京城。汤若望于 1664 年罹患中风，语言表达能力严重受限。在汤若望受审期间（罪名是叛国、加入分裂组织和散布虚假天文知识），南怀仁为其辩护。1669 年，南怀仁接任汤若望职务主管天文和数学。

[6] 其生平参见：克劳迪娅·冯·考拉尼的《南怀仁》，收录于《教会人物传大辞典》第 12 卷（宝茨-赫尔堡，1997 年）；另参见：莫里茨·堪托的《南怀仁》，收录于《德国人物传》第 39 卷（莱比锡，1895 年）第 612 页及后续几页；另参见 R. A. 布朗多的 *Mandarin en astronoom. Ferdinand Verbiest S. J.（1623 - 1688）aan het hof van de Chinese Keizer*（布鲁日，1970 年）；另参见瓦勒热·阿里克斯、罗格·布隆德的《耶稣教士、科学家、工程师和外交家南怀仁（1623—1688）》（Steyler Verlag, 1995 年）；另参见格尔沃斯（汇编出版）的《南怀仁时代的在华传教活动》（鲁汶中国研究第六集），鲁汶，1999 年。

[7] 雅克·艾克斯：《汽车因此而诞生》，edita，1961年，第13页。原始资料见博斯曼：《南怀仁——北京钦天监监正（1623—1688）》，鲁汶，1912年，第25页。

[8] 参见盖尔德·特莱菲尔的《在华耶稣会传教活动》中"南怀仁"一节，第80页及后续几页。

[9] 参见http：//www.orden-online.de/wissen/v/verbiest-ferdinand/。

[10] 同上。

[11] 雅克·艾克斯：《汽车因此而诞生》，第14页。

[12] 1993年比利时天文学家尤金·约瑟夫·德尔波特（Eugene Joseph Delporte）在乌克尔发现的小行星带上的一颗行星就以南怀仁的名字命名（2545南怀仁）。

[13] 参见盖尔德·特莱菲尔：《英戈尔斯塔特简史》（第二版），Poslet，2010年，第91页及后续几页。

[14] 埃斯特·史蒂默：《携望远镜和〈圣经〉到金銮宝殿——汤若望（1592—1666）：皇帝的天文学家、朋友和顾问》，第223页。

[15] 张西平：《跟随利玛窦到中国》，五洲传播出版社，2006年，第87页；在南怀仁的著作《新制灵台仪象志》中，有对西方光学最新发现的描述，包括光的折射和散射等现象。

[16] 同上。

[17] 参见：http：//www.britannica.com/EBchecked/topic/625881/Ferdinand-Verbiest（EncyclopediaBritannica）；另参见：*La Route de Moscovie envoyée par Verbiest*；AN；44 JJ 74。

[18] 埃斯特·史蒂默：《携望远镜和〈圣经〉到金銮宝殿——汤若望（1592—1666）：皇帝的天文学家、朋友和顾问》，第225页。

[19] 参见：http：//www.orden-online.de/wissen/v/verbiest-ferdinand/。

ASTRONOMIA EUROPÆA
SVB IMPERATORE
TARTARO SINICO
Cám Hy′
APPELLATO
EX UMBRA IN LUCEM REVOCATA

à
R. P. FERDINANDO
VERBIEST
FLANDRO-BELGA
E SOCIETATE JESU.
Academiæ Aſtronomicæ in Regia PeKinenſi
PRÆFECTO
Cum Privilegio Cæſareo , & facultate Superiorum.

DILINGÆ,
Typis & Sumptibus, JOANNIS CASPARI BENCARD,
Bibliopolæ Academici.
Per JOANNEM FEDERLE.

ANNO M. DC. LXXXVII.

4. 南怀仁的《欧洲天文学》

在南怀仁于1678年在耶稣会迪林根分会出版的《欧洲天文学》（全称 *Astronomia Europaea Sub Imperatore Tartaro Sinico Cam Hy Appelato Ex Umbra in Lucem Revocata a R. P. Ferdinando Verbiest, Flandro-Belga e Societate Jesu Academiae Astronomicae in Regia Pekinensi praefeto cum Privilegio Caesaro et faculate Superioum*）[1]一书中，南怀仁对耶稣会士在中国所作出的科学贡献进行了描述。

从一定意义上来说，《欧洲天文学》可以说是对耶稣会士（包括南怀仁自己）为了促进传教工作而在中国朝廷层面所演示和展示过的所有内容的一个总结报告。

该书第一部分包括天文学发展、历法科学、相关研究过程以及耶稣会的工作。同时，南怀仁还介绍了耶稣会士向皇帝开启的诸多知识领域，包括众多门类的科学与艺术，也包括后来拓展到的日晷测时术、弹道学、水文学、机械学、光学、反射光学、透视画法、静力学、流体静力学、水力学、气体动力学、音乐、钟表计时术和气象学,以及这些知识在中国的实际应用及其对于提高传教士在华声望起到了怎样的积极作用。

在第24章"气体动力学"[2]中,南怀仁描述了他在气动领域的研究成果和他所制造的自行装置。这是世界上第一次对汽车制造和测试的描述,是"第一辆成功的蒸汽汽车模型"[3]。

从某种意义上来说,这也是世界上的第一项"专利",尽管当时没有专利的概念。博斯曼(Bosmans)1912年所作的南怀仁传记[4]至今仍被视为权威之作,其中他对《欧洲天文学》的"气体动力学"一章有如下描述:"这个章节在作者生前似乎一直被忽视,但此后得到越来越多的关注,因为南怀仁似乎从中认识到了蒸汽动力的重要性。"[5]出于谨慎,博斯曼补充道:"上帝啊,请原谅我的说法可能有点可笑,但这位伟大的传教士是蒸汽机的发明者。只有为数不多的工程师能够和他一样熟知科学史。他饱读了同时代著作中对汽转球属性和应用的介绍,并赋予了它一个新颖和巧妙的运用,那就是用在马路上行驶的小汽车。这就是他做的全部,但是这一点已经很了不起。如果这不足以把南怀仁纳入蒸汽机发明人之列,也不应该把他排除出有蒸汽机想法的先驱之列。"[6]

"南怀仁不可思议的成就是,他在北京制造了一辆可以被称为世界上第一辆汽车的蒸汽车。"[7] "这辆小车基本具备了现代汽车的所有主要功能。"[8]

诺埃尔·格尔沃斯(Noël Golvers)[9]可以说是对南怀仁著作《欧洲天文学》和其创作背景最为了解的专家之一,他在对第24章的评论中说:"这无疑是《欧洲天文学》中最值得关注的一章,

4. 南怀仁的《欧洲天文学》

因为其中包含了对自推进（汽车）设备的最早技术描述。凭此，南怀仁有理由成为世界汽车发明者，这比帕潘（Papin）提前了至少 10 年。"[10]

《欧洲天文学》"气体动力学"章节节选如下。

拉丁文原文：

"Pneumatica"

Jam à tribus annis, dum aeolopilae vires examinarem, curriculum bipedalis longitudinis ex levi ligno conficiendum curavi, quatuor rotis facillimè mobilem, in cujus medio vasculum vivis carbonibus plenú, & vasculo eolopilam imposui; axi priorum rotarrm inserui orbem aeneum dentatum, dentibus transversim extantibus, & ad horizontem parallelis, quibus apprehensis per aliam rotulam, insertam axi perpendiculari ad horizontem, axe illo circumeunte currus movebatur. Hunc aute axem inserui alteri rotae ad horizontem parallelae, cujus diameter erat unius pedis, & in convexa hujus rotae curvatura circumcirca apposui binos asserculos, tamquam alas extantes, quas ventus, per tubulum angustum aeolopilae violenter expulsus, impelles celerrimo motu totam hanc rotam circumagebat, & partier currum impellebat, qui per unam horam, & ampliùs (quanto silicet tempore durabat ventus ex aeolopila violenter expulsus) in motu non adeo lento poterat perseverare; ne igitur spatium à urriculo conficiendum nimis in longum excurreret, axi medio pofteriorum rotarum apposui temonem, in omnem partem facilè flexilem, & temonis extremo bifurcato inserui axem; ipsum denique axem inserui rotae majoris

19

diametri, facillimè etiam mobilem.

Itaque temone ad dextram vel laevam obliquè inflexo, atque in illo situ per cochleam firmato, curriculus aeolopilae vento impulsus, perpetuum ferebatur in circulum, magnum vel parvum, pro atrij sive aulae, in qua movebatur, amplitudine, prout scilicet temo magis vel minus oblique inflectebatur. Atque haec quidem machina est principium motus, quem scilicet facile communicare pòteram cuilibet alteri machine currui impositae, exempli gratia naviculae papyraceae, quae velis suis, tamquam vento turgidis instructa, semper in gyrum circumambularet, qualem obtuli fratri majori Imperatoris, totum artis opus ipsa machina occultante, & deforis audito duntaxat venti aeolopila expulsi strepitu, instar veri scilicet venti, aut aquarum circùm navim frementium. Subinde etiam per alium tubulum aeolopilae ferruminatum venti erumpentis vim divisi, cujus tubuli extremo, in modum fistuae praeparato, philomelae modulantis cantum perfecte referebam. Subinde etiam praeludium campanularum horologij hoc instrumento in cantilenas uas animavi: dato hoc principio motus, mullta alia non injucunda excogitare, facile est[11].

德语译文（转译为中文）：

三年前，当我研究汽转球的力学问题时，我让人用轻质木材制造了一辆可灵活移动的小型四轮车。车的中间安装了一个小容器，里面填满了烧红的煤块，在容器上方安装了一个汽转球。在前轮的轴上，安装了一个铜制的带有横向水平方向齿牙的齿轮，它们的转动带动垂直方向的小轮盘，小轮盘又与另外一个水平方向的轴垂直相连。当刚才提到的最后这个水平方向的轴转动时，车辆就可以移动了。

4. 南怀仁的《欧洲天文学》

然后我给这个轴安装了一个直径为 1 英尺（0.3 米）的水平轮盘，在轮盘外侧边缘上设置了成对的带翅膀（叶片）的小管子。当从汽转球狭窄的喷嘴喷出的气体压迫带叶片的小管时，就可以带动整个轮盘转动并让车辆行驶。车辆可以以很快的速度行驶一个小时或更长时间（也就是说，只要气体强烈喷射通过汽转球，车辆就能持续行驶）。

为了防止车辆走得太远，我在前轴的中间位置安装了一个能够灵活转向任何方向的舵柄，舵柄末端分叉并带有一个轴，最后我在这个轴上安装了一个口径更大并能灵活转动的轮子。这样，人们可以将舵柄调整为偏左或偏右并用卡子固定住，借助汽转球的风压驱动而行驶的车辆就可以以或大或小的半径做圆周运动。根据院子或大厅的大小，可以决定控制舵柄的斜度。

这个机械装置所表现出的运动原理，可以很容易地用于其他行驶装置。举例说，可以用在纸船上，通过蒸汽驱动风帆带动纸船做圆周行驶。我曾将这样的一艘装置展示给皇帝的哥哥。传动装置完全隐藏在里面，从外面只能听到通过汽转球的蒸汽所发出的气流声，听起来就像是自然界的风声或者水拍打船身的声音。

有时我会将蒸汽压力分流到一个形状像长笛吹口的铁喷嘴上，这个装置发出的声音有几次让人们误以为是钟楼的声音。基于这一基本的驱动原理，可以想象，也能很容易地实现许多其他令人愉悦的应用。

英语译文：

Already three years ago, while investigating the power of the aeolipyle, I had a little wagon built, two feet long and made of a light wood. It would move very easily on its four wheels; in its centre I placed

21

a small vessel filled with red-hot coals and in that vessel the aeolipyle.

On the axle of the front wheels I mounted a bronze gear wheel with transversal and horizontally outstanding cogs. When they engaged another small wheel that was mounted on a perpendicular axle, the wagon was put in motion by the rotation of that axle. I then inserted this axle into another horizontal wheel with a diameter of one foot, and around the convex rim of this wheel I put two little poles, just like outstanding wings. The latter were driven by the air current made this whole wheel rotate very fast at the same time propelling the wagon, which for more than one hour (as long as the air current lasted, which the aeolipyle violently emitted) could sustain its not so slow movement.

Thus, in order to prevent the wagon from covering too long a distance, I fixed to the middle of the axle, between the back wheels, a tiller which could be easily moved in all directions and into its bi-forked end I inserted an axle. Finally, I inserted this axle into a wheel of a fairly great diameter and also very easily movable. So, when I turned the tiller obliquely to the right or the left and fixed it in this position by means of a setscrew, the little wagon, driven by the air current of this aeolipyle, was propelled permanently in a circle, large or small according to the extent of the court-yard or the hall in which it moved, and as the tiller was set more or less obliquely.

The aeolipyle represents a kinetic principle which I could easily apply to any other machine placed on a moveable support, for example to a small paper boat with sails seeming to belly through the wind, which continuously sailed around a circle. Such a specimen I presented to the eldest brother of the Emperor, the machine itself concealed the whole drive mechanism and from the outside one could only hear the whistling of the air current, emitted by the aeolipyle , just like the natural wind, or the sound of the water, swirling around the boat.

Several times I divided the power of the escaping wind in two (directions), by soldering to the aeolipyle another little tube of which the end was prepared as a whistle, by which I perfectly reproduced the song of a singing nightingale. Many times, I brought the prelude of the bells of the clock to life with this instrument and made it play its songs. Given this source of movement, one can easily invent many other not unpleasant applications [12].

张西平教授在《跟随利玛窦到中国》一书中对南怀仁的车辆做了简要描述,英译文如下:

3 years ago, when I was studying the power of steam, a small wooden dolly with four wheels was made. Its lengths was 2 feet, and easy to run. There was a small oven with full burning coal in the middle of the dolly. On the oven, there was a boiler. A cooper gear was installed in the front wheel. This gear joggled with another gear installed in the other vertical spindle. The dolly would move along with motion of the vertical spindle. When the steam from the boiler sprayed outside through a small hose, the lamina would be impacted, the air stream would make the whole wheel run quickly, then the dolly would move forward. Under certain speed, the doll could move continuously for more than one hour, if only there was steam in the boiler[13].

对应的中文如下:

三年前,我在研究蒸汽之力时,曾有一辆由轻木制作而成的四轮小车,车身二尺,极易转动。车子中部设一火炉,炉内装满燃烧之煤,炉上方有汽锅。在前轮的轴上装了一个青铜制的齿轮,其齿横出,与轴平行。该齿轮与另一立轴上的齿轮啮合。立轴转动时,车子就会运动。当蒸汽由汽锅经一细小管子向外猛烈喷射时,这些小叶片会受到冲击,气流就使整个轮子快速转动,车子就被推动。在一定的速度下,只要汽锅内持续有蒸汽流喷出,车子可行驶一小时以上。

法语译文:

Il y a trois ans, comme j'étudiais les forces de l'éolipyle, je fis construire en bois léger un petit chariot long de deux pieds, à quatre roues, extrêmement mobile, au centre duquel je disposai un vase plein de charbons ardents et, au-dessus de ce vase, un éolipyle. A l'axe des roues antérieures, j'adaptai une roue dentée en airain, dont les dents transversales et parallèles à l'horizon engrenaient avec une autre petite roue fixée sur un axe perpendiculaire à l'horizon; de telle sorte que, lorsque ce dernier axe tournait, le chariot se mouvait. J'insérai cet axe dans une autre roue parallèle à l'horizon, d'un pied de diamètre; et tout autour de la circonférence externe de cette roue, je disposai par paires de petites tiges soutenant des sortes d'ailes. En les poussant, le vent chassé par létroit orifice de l'eolipyle faisait tourner la roue entière et lanÇait du même coup le chariot qui pouvait conserver une allure assez rapide pendant une heure et plus (c'est-à-dire aussi longtemps que perdurait l'explusion violente du vent par l'éolipyle). Cependant, pour que le chariot ne s'écartat pas trop loin de sa course, je fixai au point milieu de l'axe des roues postérieures, un timon très flexible en tous sens et dont l'extrémité fourchue portait un axe enfilé dans une roue de diamètre plus grand et très facile aussi à faire tourner. De cette facon, une fois le timon infléchi en obligue vers la droite ou la gauche et maintenu en place par une vis, le chariot mis en movement par le vent de l'éolipyle tournait constamment en cercle plus ou moins grand (d'après la dimension de la cour ou de la salle où il fonctionnait) suivant que le timon était plus ou moins infléchi[14].

西班牙语译文：

Hace tres anos, mientras probada la fuerza producida por aelipile (caldera) tenia un carro de cuatro ruedas hecho de madera liviana, de dos pies de largo y suficientemente móvil. En la mitad del carro, instalé un sarténlleno de brasas, y sobre éste una caldera. Fijé una rueda dentada de bronce al eje de las ruedas de atrás, cuyos dientes poryectaban trasversalmente, paralelos a la horizontal. Esta rueda giraba con otra rueda penqueña montada en un segundo timón perpendicular a la vertical. Cuando el timón vertical giraba, movía el carro.

Ahora bien, este eje vertical lo adaptaba a otra rueda horizontal de un pie de diámetro; y alrededor de su arco iban adaptadas aletas de dos en dos como el molino de viento. El impacto del vapor contra estas alteas, pues salía con gran presión echaba a rodar toda la rueda y el timón a una gran velocidad, moviendo el carro porr sí mismo. De esta manera el carro conservaba su fuerza hasta una hora, cuando se acababa el vapor.

Para evitar que el carro recorriera un espacio muy grande, adapté en el centro del eje trasero una palanca fácilmente moviable en cualquier dirección. Al lado opuesto de la palanca habia un trinquete; y por medio de este trinquete inserté un eje y a este figé una rueda de diámetro algo más grande que las otras ruedas, asimismo movible. Esta palanca se podia mover hacia la derecho o a la izquierda y fijarse con un tornillo. Por medio de este mecanismo directriz, el carro podia correr en un circulo perpetuo, trazando una curva mayor o menor según la inclinación dada a la palanca. De esta forma la carrera giratoria del carro se puede adaptar al tamaño del salon donde la experriencia tiene lugar.

El aparato que construi demuestra una ley de la fuerza del vapor que apliqué fácilmente e otros vehiculos de la misma clase, v. gr. a un bote de juguete, que navegaba con sus velas infladas por el vapor, y se deslizaha en forma circular sobre el agua. Una de estas invenciones mostré al hermano mayor del Emperador. La misma turbine se ocultraba debajo del（hulk）del bote. Solo se oía es murmullo del vapor que salia a presión de la caldera, y parecia al ruido del viento real o al agua que azota los lados del bote. Ocasionalmente soldé un segundo escape a la caldera, diviendo asi el axhausto del vapor. Su aperture parecida a la boca de la flauta, imitaba a la maravilla al canto del ruiseñor. Otras veces usaba el motor para que tocaran el repique en el reloj de la torre.

Resumiendo, una vez establecido el principio de la moción, es muy fácil pensar en un sin número de otras aplicaciones interesantes[15].

对南怀仁拉丁文原著的直接译文，除了杜赫德（J. B. Du Halde）（详见第 7 章）和本文以外，法语出自 H. 博斯曼

（H. Bosman）[16][17]，英语出自 J. D. 舍尔（J. D. Scheel）[18]，德语出自 H. 沃尔拉文（H. Wolravens）[19]，荷兰语出自德玛雷尔（Dermarel）[20]。此外的总结性文字（大多基于杜赫德或博斯曼的版本），请见 C. 卡顿（C. Carton）[21]、古伯察（Huc）[22]、E. 拉贝（E. Rabbey）[23]和 R. A. 布隆德（R. A. Blondeau）[24]。

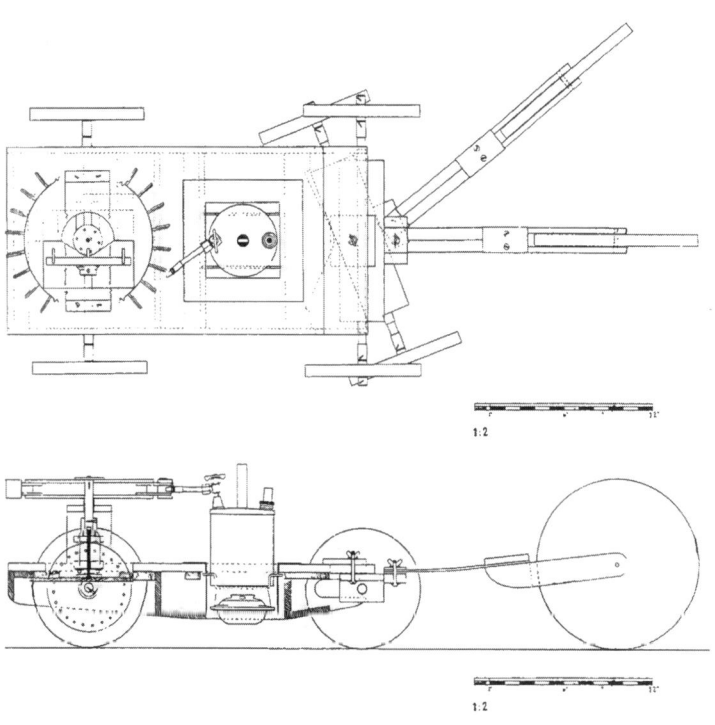

图片来源：J. D. 舍尔（J. D. Sheel）著《中国——人间天堂》（1984 年）
收藏在鲁汶天主教大学南怀仁研究所

对南怀仁描述的备注

汽转球

汽转球（又称汽动球或希罗球）是由亚历山大港的希罗（Heron von Alexandria）所描述的用来展示水蒸气膨胀和反冲原理的装置。作为一个早在古埃及时期就已经被祭司们所了解的装置[25]，汽转球是世界上第一批有书面记载的"热力发动机"之一[26]。它在古代"没有实用价值，只被看作是一个新鲜玩意"[27]。亚历山大港的希罗在其名为《气动学》的著作中，除了对汽转球进行了阐述之外，也描述了包括"自动寺庙门"在内的实际应用[28]。上面提到的南怀仁著作中的第 24 章，标题沿用的就是这里的"气动学"概念。

皇帝的哥哥

这里所说的皇帝的哥哥是爱新觉罗·福全（1653—1703）。在《欧洲天文学》中，南怀仁在其他地方也提到过他，比如在"气体动力学"的前一章就提到过"Imperatoris frater major, quam regulum magnum appellant"[29]（拉丁文，意为皇帝的兄长）。1667年，爱新觉罗·福全被封为裕亲王。他对欧洲事务的浓厚兴趣，在许多资料中都得到过多次印证[30]。

疑难概念：binos asserculos

在南怀仁的描述中，遇到的一个困难是如何正确翻译理解"binos asserculos"这个概念。格尔沃斯对此的观点是：

"南怀仁完全按照当代拉丁语的惯例，使用分配数 bini 表示基数 duo，把 binos asserculos 翻译为 duo asserculos，即'两个光束'或'一对光束'。有些译者尝试去理解引擎的技术概念，但

在我看来，这些翻译不受拉丁语措辞的限制。博斯曼就突破语言限制，他是这样表达的（第401页）：'南怀仁往里面安装了一对对的横杆'。舍尔的翻译是：'……小双杠'。还有些人有意忽略这个细节，例如杜赫德和身份不明的法国翻译者（参见巴黎国家图书馆带有该系列号的资料：Ms Fr. 17. 239，f°29v.）是这样表达的：'……一个有壁的小轮子，类似于风车'（比较后，在原始版本中未找到这种说法）。我们必须假设南怀仁使用了两个杆，横向穿过车轮，从两端的轮缘伸出，因此在车轮的圆周上，四个不同的'翼'突出，以接收气流并使车轮运动。然而，根据舍尔的说法，光有四个机翼的涡轮还是没有用的。"[31]

制动

张西平教授对南怀仁的《欧洲天文学》中的描述补充道："南怀仁还为这辆蒸汽车设计了闸和方向盘，使之能跑、能停、能转弯。"[32]

但在实践中，我们认为，不能假定当时有制动闸（没有人能操作制动闸，因为当时不可能载人，而用其运输物品也不是实验的目的和意义所在）。

雅克·艾克斯（Jacques Ickx）对南怀仁发明的汽车构造的说明

针对南怀仁的技术描述，艾克斯做出了如下的说明：

追随勒雷雄的想法，南怀仁想要利用蒸汽气流的速度进行作业，方法是发明一个可以分解运动动能的阻力减速装置。他让蒸汽气流切入一个带有多个小管的水平圆盘，该圆盘装有一个小齿轮变速装置，而后者与另外一个带有侧齿的较大轮子相连，这样水平圆盘的轴线就与驱动轴线保持一致。

在制作车辆时,南怀仁遇到两个问题:他理所当然地认为是要把装有煤块的容器和位于其上方的汽转球置于整个车辆的重心位置,他可以选择是前轮还是后轮驱动。"如果他选择前轮驱动,那么毋庸置疑,就像是成立了马车邮政公司的亨利·威尔斯(Wells)所表述的那样,人们就会感觉像是一匹马在前面拉动车"[33]。因为这辆车可以较长时间保持行驶——实际上是一个小时或更长——所以很重要的是,要通过一个装置让车做圆周运动。

"现在的人们可能会想,这并不复杂。但请不要忘记,当南怀仁神父离开欧洲时,马车的可定向前轮驱动还没有出现。人们错误地认为它源自16世纪中叶……但实际上,即使这个时间再往后推100年,马车还是只有四个刚性车轮,转弯时吱吱作响,因为马需要从侧面拉动"。[34]

"南怀仁和达·芬奇(Leonardo Da Vinci)以及西蒙·史蒂芬(Simon Stevin)面临同样的问题。达·芬奇在1482年至1484年间绘制了一个看似有些荒诞的弹簧车辆的图纸;西蒙·史蒂芬于1600年为帕绍的莫里茨制作了一辆带有巨大风帆的28座车辆[35]。同达·芬奇和史蒂芬一样,南怀仁决定采用一个可以灵活活动的船舵,把它连接到一个轮子上。达·芬奇想象中的车辆以及史蒂芬的轮式风船,都有一个人站在上面操作方向,而南怀仁的车可以自己行驶,实现方式是采用一个灵活的牵引杆,并添加一个大于其他车轮的第五轮;前者起到弹簧的作用,后者因其较高的轮毂高度而呈受力状态。"[36]

托臣斯基（Torchinsky）对南怀仁发明的汽车构造的说明

托臣斯基[37]对此有一个广受关注（同时也看似近乎轻率）的流行论述很有道理：汽车的早期历史并不明朗，如果总有个别的工程师说他是汽车的发明人，会让真相更加复杂化，因为是不同的发明家们为汽车最后的问世作出了贡献。他还指出，大部分人都认为法国炮兵军官和发明家尼考拉斯·古诺（Nicholas Cugnot，1725—1804）才是汽车的发明者[38]。

确实，古诺也使用了蒸汽驱动[39]。尽管如此，托臣斯基认为南怀仁在先："事实说明，在这之前一个世纪左右，就有一位耶稣会传教士制造了第一辆可以自己行驶的车[40]。这是一辆长约二尺的五轮小车，它的自我移动能力在当时可以说是一个独一无二的功能。"[41]

托臣斯基在其技术描述中概括道：

"这辆车使用的是一种简易的汽轮机，是对包括希罗的汽转球在内的以前的汽轮机的一项温和改进。南怀仁车辆中的汽轮机是开放式的，核心是一个用于蒸汽的水轮。装水的容器带有一个喷嘴，喷嘴方向对着带有叶片的轮子，容器置于一个装有煤块的锅上方加热。喷嘴喷出的蒸汽作用到轮子的叶片上，带动其运动。如果使用一个水平圆盘，则该旋转运动通过一个类似差速器齿轮箱的装置转动90°，并由此作用于车轮上。"[42]

用轻率但不失专业水准的话来加以评论，可以说：

"这套系统十分原始，效率低下。但是，它完全可以驱动一辆像玩具一样的小车。因为（南怀仁）拥有东方最好的金属加工后盾，所以我确信，当时的确制造过这样一辆小车……因此，这辆车就是世界上第一台人类设计制造的有自驱动能力的设备。"[43]

托臣斯基还评论道：南怀仁的车辆"通常只出现在文献的脚注或旁注里，我觉得这不公平。尽管这辆车很小，但它具备了车辆的所有核心部件：从技术特征的角度上来说，它有发动机和车身框架。此外，这辆车不是对其他已有行驶装置或车辆的修改或后续改进[44]。对它的计划，从一开始就是一辆汽车"[45]。

托臣斯基也表达了他的忧虑，他认为如果将南怀仁的车辆放大的话（比如为了让其有足够空间运送人员或货物），其可用会存在技术问题："如果增大尺寸，我会怀疑车辆的性能并且担心这种敞开式的炙热蒸汽的喷射会有危险。我估计，如果不加以改进就进行车辆放大是不可取的。如果进行简单的改进（包括用一块薄金属板把涡轮叶轮包起来），会有助于提高蒸汽气流的能源利用和最大限度保护驾驶员和乘客不被蒸汽流灼伤。"[46]

【注释】

[1] 书名全称为《欧洲天文学在中国鞑靼（满）族君王康熙皇帝的领导下，由来自弗兰德尔的耶稣会士同时也是拥有皇帝授予特权的钦天监监正南怀仁从低谷带向辉煌》。
[2] 使用压缩空气带动机械作业。
[3] 雷若·维因，《汽车之始祖——几乎被遗忘的流线型设计之始祖》，收录在1939年麻省理工学院《科技评论》。
[4] 博斯曼：《南怀仁——北京钦天监监正（1623—1688）》，Revue des Questions scientifiques，1912年第71期。
[5] 同上，第106页。

[6] 同上。

[7] 张西平：《跟随利玛窦到中国》，五洲传播出版社，2006年，第87页。

[8] 同上，第88页。

[9] 诺埃尔·格尔沃斯：《南怀仁的〈欧洲天文学〉（迪林根：1687年）——文本、翻译、笔记和评论》，Steyler Verlag，1993年。

[10] 同上，第308页。

[11] 南怀仁：《欧洲天文学》，迪林根，1687年。

[12] 诺埃尔·格尔沃斯：《南怀仁的〈欧洲天文学〉（迪林根：1687年）——文本、翻译、笔记和评论》，Steyler Verlag，1993年，第13页及后续几页。

[13] 张西平：《跟随利玛窦到中国》，第87页及后续几页。

[14] 根据雅克·艾克斯：《汽车因此而诞生》，edita，1961年，第17～18页。

[15] 弗朗西斯·勒雷：《汽车发明于中国》，第312页。

[16] H. 博斯曼：《南怀仁——北京钦天监监正（1623—1688）》，*Revue des Questions Scientiques*，1912年第71期，第195页及后续几页，第401页及后续几页。

[17] 法语内容均出自雅克·艾克斯，《汽车因此而诞生》，第17页。

[18] J. D. 舍尔：《中国——人间天堂》，Dentschi Delivs und Klasing，1984年，第8～9页。

[19] H. 沃尔拉文：《中文文献中对日食和月食的预测》，*Monumenta Sercia*，1981—1983年第35期，第431页及后续几页。

[20] 保罗·德玛雷尔（Paul Dermarel），收录于J. D. 舍尔的《中国——人间天堂》第374页。

[21] C. 卡顿：《南怀仁神父生平》，（出版社不详），1839年，第

50 页。

[22] 古伯察：《中国基督教》（第 3 卷），（出版社不详），1875 年，第 147～148 页。

[23] E. 拉贝：《南怀仁神父——1623—1688 年》，布鲁日，1903 年，第 94～95 页。

[24] R. A. Blondeau： *Mandarijn en astronoom.* Brügge, Utrecht；1970；S. 348f. -ders. 另参见 *Ferdinand Verbiest S. J. als wetenschapsmens.* Roesbrügge；1988；S. 87ff.

[25] 奥雷尔·斯托多拉：《蒸汽机》，Salzcsasser Veolay，1910 年，第 1 页。（https：//org/deteils/diedampfturbine02stodgoog）

[26] 参见 https：//de. wikipedia. org/wiki/Heronsball。

[27] 同上。

[28] 参见：希罗的自动装置 http：//www-srt. upb. de/start/die automatischen Tempeltüren. html。另参见威廉·施密特：《亚历山大港的希罗》，Teubner，1899 年，第 230 页。

[29]《欧洲天文学》第 23 章，第 86 页，格尔沃斯将其译作"皇家大王子"（诺埃尔·格尔沃斯：《南怀仁的〈欧洲天文学〉（迪林根：1687）——文本、翻译、笔记和评论》，第 306 页）。在《欧洲天文学》第 23 章中具体参见备注 17，另参见第 21 章的第 80 页。

[30] 格尔沃斯指出，这里也参考了《南怀仁的书信》（H. Jossen 和 L. Willaert，布鲁塞尔：1936 年，第 178 页，"1670 年 8 月 20 日书信"）。

[31] 诺埃尔·格尔沃斯：《南怀仁的〈欧洲天文学〉（迪林根：1687）——文本、翻译、笔记和评论》，第 310 页（见该书关于汽动学章节的备注 4）。

[32] 张西平：《跟随利玛窦到中国》，第 88 页。

4. 南怀仁的《欧洲天文学》

[33] 雅克·艾克斯：《汽车因此而诞生》，第 16 页。

[34] 同上。

[35] 同上。

[36] 雅克·艾克斯指出："这种设置让有些人感到手足无措，有些人会被蒙蔽而发表愚蠢的蔑视言论。"（出自《汽车因此而诞生》第 16 页。）

[37] 参见文章《世界上第一辆汽车由弗拉芒教士在中国制造》，尽管作者表达不够礼貌，但他所指的"就是南怀仁"。

[38] 古诺受法国战争军事部的委托开发一种炮兵运输工具，他制造的车辆于 1769 年在巴黎公开展示。

[39] 车长 7.25 米、宽 2.30 米、高 2.10 米、重 4000 千克。根据不同的资料，其速度为 3～4.5 千米/小时。因为前轴上方悬挂的水箱非常重，所以车辆很难控制方向。在最初的几次演示中，有一次撞到了兵营的墙上而报废。

[40] 参见托臣斯基：《世界上第一辆汽车由弗拉芒教士在中国制造》，https：//jalopnik.com/the-first-automobile-of-any-type-was-built-by-this-flem-452218957。

[41] 同上。

[42] 同上。

[43] 同上。

[44] 艾克斯研究了"之前的一些车辆模型"，这些车（如果是实际制造过）要么需要人力辅助，要么（以弹簧动力车为例）行驶距离不远［参见《汽车因此而诞生》（第一卷）第 50 页］。

[45] 托臣斯基：《世界上第一辆汽车由弗拉芒教士在中国制造》，https：//jalopnik.com/the-first-automobile-of-any-type-was-built-by-this-flem-452218957。

[46] 同上。

35

南怀仁(1623—1688)样貌的对照变化

5. 基础研究

偶尔会有人指出，南怀仁的车辆太小，不能用作人员和货物运输。抱有这种观点是因为他们没有了解南怀仁进行研究的目的和意义。南怀仁更关心的是对一种新型动力的实验证明，即对一个原理的演示，而不是为了满足一种特定的功用。

南怀仁的关注点可能都放在了基础研究上。他关心的是蒸汽驱动的原理本身，而不受被应用对象的束缚。可能这样就能解释清楚，为什么在他的描述中也提到了蒸汽轮船的想法。

南怀仁肯定也隐约知道，这一原理也可能被用作货物甚至是人员运输。但这一点在当时的时代已经超出了可以合理预见的应用范围。凭南怀仁的发明天分，他肯定也可以想象到，他的驱动装置能够用于人员和货物运输。但问题是，这有什么益处吗？在当时马力能够充分保证运输需求的情况下，人员和货物的替代性运输方式并没有任何经济必要性。

在这一点上，托臣斯基说的有道理[1]，他指出，在马力运输更具经济性并且资源随时能够充分保障的时代，南怀仁的机械装置即使有取代马力的潜在可能，也没有必要性[2]。

另外可以推测，这些样品只是从未离开过皇宫并供皇帝玩赏的"玩具"，因此并不为大众所知。如同张西平教授所描述的：

来华传教士在清朝宫殿内制造的蒸汽自动车、机器人、抽气机等，在当时都是最新的机械发明。但它们大部分没有走出皇宫，没能真正转化为民间最实用的技术，这不能不说是一个很大的遗憾。[3]

至于南怀仁的发明为什么没有得到后续应用，艾克曼（Erik Eckermann）[4]也持相同观点。在17世纪末的科学和机械研究中，"机动车"并无一席之地。当时的运输技术完全能够满足社会需求。所以，对于欧洲和中国来说都一样：因为有足够的马力保障运输，所以人们并不重视让研究人员进行劳神的新技术钻研。在中央君主制的重商主义盛行的欧洲，"工程师们"的首要任务是去解决那些人力、马力、风能和水能等传统能源应对不了的挑战。

诺埃尔·格尔沃斯也研究了这个问题：

"看似让人惊讶的是，这项发明居然对世界汽车史没有造成什么影响。"[5]他对此的解释是，如同《欧洲天文学》第二部分以及著名的耶稣会年报中所强调的："这些科技玩具在当时只有一个目的，就是展示给皇帝看，让他高高兴兴地接受并收藏在他的私人藏宝库中，没有外人可以进入。"[6]

有意思的是，针对这项发明，既没有同时代的其他报道，也没有耶稣会的年报文献进一步提及。在至今人们所掌握的耶稣会在华活动的资料中[7]，也没有更多的信息记载。格尔沃斯认为，"因为《欧洲天文学》从未被广泛传播过……所以南怀仁对汽车原型的描述直至最近才被大众所知，这并不奇怪。"[8]

尽管"南怀仁的机动车[9]主要供康熙皇帝玩赏，并未对现代汽车的发展产生过影响，但在蒸汽车历史上却仍具有十分重要的地位。"[10]

张西平教授引用道:"南怀仁之试验……实较西洋同时期者更远大。就利用蒸汽为行车之原动力而言,较史蒂芬森(George Stephenson)之火车早150年;就利用蒸汽为轮船之原动力而言,较赛明顿(Symington)之轮船早120年;就利用蒸汽为汽车之原动力而言,较波尔(Bolle)之蒸汽车早200年……所以大书特书者。"[11]

【注释】

[1] 托臣斯基写道:"我肯定,这辆车深深吸引了皇帝(这一点他说的可能有道理),会成为皇室活动的一大亮点(但在这一点上,他对皇室和皇帝的角色估计错误)。"
[2] 托臣斯基写道:"假如出现瘟疫,导致马、驴或牛大规模死亡,南怀仁的玩具车辆可能有理由会被继续关注。"
[3] 张西平:《跟随利玛窦到中国》,第90页。
[4] 埃里克·艾克曼:《世界汽车史》,2001年;另参见阿拉斯代尔·威尔金斯:《谁发明了世界上第一辆汽车?》,https://jalopnik.com/who-invented-the-worlds-very-first-car-5816040。
[5] 诺埃尔·格尔沃斯:《南怀仁的〈欧洲天文学〉(迪林根:1687)——文本、翻译、笔记和评论》,第308页。
[6] 参考《欧洲天文学》(拉丁语原文版)第91页和第26章。
[7] 诺埃尔·格尔沃斯:《南怀仁的〈欧洲天文学〉(迪林根:1687)——文本、翻译、笔记和评论》,第308页。
[8] 同上。
[9] 张西平:《跟随利玛窦到中国》,第88页。
[10] 同上。
[11] 同上。

欧洲的工程艺术

6. 发明顺序问题

在不同的出版物中都有人提到过，认为南怀仁的发明借鉴了他人的成果。尽管如此，大家能够普遍统一的意见是，南怀仁的车辆是对汽动的第一次成功演示。格尔沃斯认为，南怀仁的蒸汽机实验和将蒸汽用于驱动的灵感很可能来自包括乔瓦尼·布兰卡（Govanni Branca）的《机械论》在内的著作[1]。他指出，该推测"很可能最初[2]来自雷若·维因（Leroy Thwing）"[3]。格尔沃斯认为"直接的参考来源"[4]很可能来自耶稣会士吉尔希尔（Kircher）[5]所著的 *Magnes*, *Sive de arte magnetica opus tripartitum*[6]，作者在书中也论述了类似的系列实验[7]。在惠泽霖（H. Verhaeren）的《北堂图书馆目录》[8]中，确实也收录了多本著作（但布兰卡的著作缺失[9]）[10]。

不管是否借鉴榜样，南怀仁对蒸汽车辆的发明实验却是不争的事实。

如同上面所提到的，维因引用的是乔瓦尼·布兰卡[11]的著作 *Le Machine: volume nuovo et di molto artificio da fare effeta maravigliosi* tanto spiritali quanto di Animale operatione arichito di bellissime figure con le dichiarationi a ciascuna di esse in lingua volgare et latina（《机械论》）[12]。在这部1629年的著作中，布兰卡描述了一个用来驱动夯实机的蒸汽/热空气涡轮机。此书的第25号插图中，有一个可以"驱动"一系列齿轮并带动夯实机作业的蒸汽鼓风机。

这些形状像大肚子男性的陶土或青铜鼓风机，就像是汽转球装置里的球体，早在古代就已经被应用。生活在13世纪的艾尔博图斯·麦格努斯（Albertus Magnus）在其著作 De Meteoris 中就描述了这样一个设备：

"需要一个金属矿石打造成的坚固容器，尽可能呈凸形，上方设置一个较小开口，腹部设置一个略大开口。容器底座的支撑脚应保证容器腹部不会接触到地面。将水注入容器，随后用木头将两个开口封闭。

将该装置置于强火上，容器内就会产生蒸汽，气压由两个密封口之一喷出。如果蒸汽由上口喷出，会将水喷至火周围。如果蒸汽由下口喷出，则会直接喷至火上并把燃烧物、煤块和热灰喷洒到周围。所以人们也将这样的容器习惯性地称为'加压器'，其形状往往是一个正在吹风的男性形象。"

即使在达·芬奇的绘图册中也有对蒸汽鼓风机的描绘。另外一个知名的创作是"桑德豪森的蒸汽鼓风机"，源自13世纪，自1591年开始被提及[13]。博学多才的奥斯曼学者塔其阿尔丁（Taqi al-Din）早在意大利的布兰卡（1555）之前很久就在其著作中描述了汽轮机。

南怀仁肯定不是第一个发现蒸汽机动力的人，也肯定不是第

一个考虑将蒸汽动力进行"机械"应用的人,但是他认识到了可以将蒸汽驱动用于陆地车辆(或水中船舶)的可能性,而且不仅限于思考,他是真正建造了这样一个设备的人。

在涉及"谁发明了世界上第一辆汽车"[14]这个问题时,威尔肯斯(Alasdair Wilkins)也承认南怀仁的开创性地位。如果对汽车的定义要求满足"自我移动的能力"[15],那么"弗拉芒传教士南怀仁……发明了世界上第一辆汽车"[16]。

同样,威尔肯斯也指出,这个车辆"太小,不足以供人员乘坐"[17]。但实际上,当时南怀仁的车辆并不是为了乘坐而造。如果将南怀仁的车辆外形作为汽车外观"设计"和达·芬奇的绘图相比,那么达·芬奇的设计比南怀仁"整整早了近两个世纪"[18]。然而,达·芬奇的设计从未被实施,从这一点上来说,南怀仁的发明更早。

在这个背景下,威尔肯斯给出的一个信息很值得思考:南怀仁与皇帝的密切关系"让他能够借助中国当时最优秀的金属工匠们的工艺完成工作"[19]。通过指出这一点,威尔肯斯弱化了他对南怀仁的设计是否真的付诸实施的质疑。事实上,在1673年开始参与皇家观象台的修缮工作后,南怀仁确于1674年设计并让工匠制作出了可以用来测量星体位置、高度、角度、移动轨迹和升落时间的精密天文仪器[20]。六分仪、浑天仪等巧妙、精密的天文仪器的制作需要极高的手艺精度(而这些恰恰是主管数学和天文事务的部门可以要求工匠们达到的)。和这些仪器相比,供皇帝玩赏的汽车制作起来应该是轻而易举的事[21]。

【注释】

[1] 诺埃尔·格尔沃斯:《南怀仁的〈欧洲天文学〉(迪林根:1687)——文本、翻译、笔记和评论》,第308页。

[2] 同上。

[3] 雷若·维因:《汽车之始祖——几乎被遗忘的流线型设计之始祖》,收录在麻省理工学院的《科技评论》,1939年,第169页。

[4] 诺埃尔·格尔沃斯:《南怀仁的〈欧洲天文学〉(迪林根:1687)——文本、翻译、笔记和评论》,第308页。

[5] 盖尔德·特莱菲尔:《在华耶稣会传教活动》,第92页及后续几页。

[6] 吉尔希尔,*Magnes, Sive de arte magnetica opus tripartitum*,罗马,1641年。

[7] 同上书,第542页。

[8] 惠泽霖:《北堂图书馆目录》,北京,1949年,No. 1915–1917.

[9] 格尔沃斯指出,"这不能成为布兰卡没有影响南怀仁的决定性判断因素"。

[10] 17世纪中叶蒸汽(汽转球)实验请参见:W. L. Hildburgh. *Aeolipiles as Fire-Blowers*,出自 *Archeologica, or Miscellaneous Tracts relating to Antiquity*,1951年,第27页及后续几页。

[11] 乔瓦尼·布兰卡(1571—1645)是工程师、设计师和设计理论家。他(同样于)1629年出版的建筑学手册于1722年前曾多次加印,是同类书籍中的典范。

[12] 乔瓦尼·布兰卡:《机械论》,罗马,1629年。

[13] 参见:施罗德(Albert Schröder), "der Püsterrich von Sondershausen"; 载于 *Das thüringische Fähnlein. Monatshefte für eine*

6. 发明顺序问题

mitteldeutsche Heimat；1934 年，第 7 册，插图附页，第 454 页及后续几页。

[14] 威尔金斯：《谁发明了世界上第一辆汽车?》，https：//jalopnik.com/who-invented-the-worlds-very-first-car-5816040。

[15] 同上。

[16] 文中的描述为"……他制造了一辆小型自驱式车辆。蒸汽技术当时还处于起步阶段，但南怀仁制造了一个粗糙的球形锅炉，可以让蒸汽朝向可以驱动后轮的涡轮机施加压力……"（来源同上）。

[17] 同上。

[18] 同上。

[19] 同上。

[20] 盖尔德·特莱菲尔：《在华耶稣会传教活动》，第 82 页；埃斯特·史蒂默：《携望远镜和〈圣经〉到金銮宝殿——汤若望（1592—1666）：皇帝的天文学家、朋友和顾问》，第 223 页。当时的六件顶尖技术水平的仪器，今天还在北京的观象台（曾经的皇家观象台）上。

[21] 将南怀仁视为汽车"发明者"的相关著作还有：Alain and Alison Spitzer. *Grand Theft Auto. How citizens fought for the American Dream*. Danville：2011；P. 18 和 Georg Rutler. "Verbiest：The Priest Who Invented the Automobile. https：//www.crisismagazine.com/2014/verbiest-the-priest-who-invented-the-automobile. 当中写道："这个发明模型十分有说服力，给我们指明了大道（译者注：此处的"大道"一语双关，亦可理解为"适合马路的发明"），就像灵魂布道和创意追求结合在一起一样，这是南怀仁博学的充分体现……他在《欧洲天文学》中描述了一辆为中国皇帝设计的玩

赏汽车。他使用的是一个很常见的（原型来自 Stanley Steamer 公司）蒸汽锅炉，蒸汽驱动的圆盘会作用于一个涡轮机上。这是一个小型模型，目的不是载客，但是如果有些人把汽车发明归功于古诺（Cugnot）、安德森（Anderson）、奔驰（Benz）或者戴姆勒（Daimler）的话……那么要知道，在遥远的地球的另一端也会有些人认为，南怀仁才是汽车真正的发明者。"鲁特勒（Rutler）引用美国哲学家和作家威尔·杜兰特（Will Durant，十一卷巨著《世界文明史》的作者，1885—1981）的观点："每一种科学的开端都是哲学，结局都是艺术。"此外，赖纳尔·阿德（Rainer Ade）在《汽车的神话：德国人的宠儿》（*Mythos Auto. Des Deutschen liebstes Kind*）中写道："在北京任钦天监监正的弗拉芒耶稣传教士南怀仁1678年制作了一台能够像蒸汽涡轮机一样驱动车辆的发动机。在被视为科学基础巨著的《欧洲天文学》中，他描述了该设备并第一次在此场景下使用了'发动机（motor）'这个概念。"这部1687年在迪林根出版的巨著给全世界留下了深刻印象并深受当时的科学家们的重视。如果说在此之前马、牛和火药是大家公认的动力来源，那么从此时起，蒸汽作为一种来自自然界的力量也可以被人利用。经过几个世纪的追寻后，现在似乎有了突破性进展，人们可以考虑制作一种设备来帮助人类取得对自然和时空的决定性的控制权。现代大规模交通的思想基础，在300多年前就这样奠定了。南怀仁没有亲身经历到，他的灵感对世界进步作出了怎样的决定性贡献。直到1711年，托马斯·纽科门（Thomas Newcomen）才根据格里克（Guericke）和惠更斯（Huygens）的大气理论制造出了他的第一台蒸汽机设备。后来直到1774年，詹姆斯·瓦特（James Watt）的第一台能够实际应用的蒸汽机才问世。由此，"工业革命"拉开帷幕，此前行之有效的

6. 发明顺序问题

世界秩序开始因新事物的冲击而变得暗淡无光（https：//books. googl. de/books？id = GdPMAQAAQBAJ&pg = PT125&dg = verbiest + auto&source = bl&ots = E0QiiBHzsC&sig = _P8E2g1ov_Gmv5zOf97Q33_UjkU&hl = de&sa =X&ved =0ahUKEwizr PTyg8 HXAhXEZ1AKHSi4AvY4FBDoAQgg MAE # v = onepage&g = verbiest%20auto&f = false）。关于与南怀仁有关的汽车史，另参见：L. Baudry de Saunier. *Histoire de la Locomotion terrestre*，巴黎，1936 年，第 219 页；或参见 J. Bouman. *Oude auto's en hun makers*. Unieboek，1964 年，第 24 页。

47

孔子雕像,为耶稣会士和收藏家费迪南德·奥班
(Ferdinand Orban,1655—1732)的一件藏品
(现收藏于英戈尔斯塔特市立博物馆)

7. 第一辆汽车在欧洲的反响

在华传教原则上来说是耶稣会的专属权利。但耶稣会内部,却出现了(涵盖所有其他国家在内的)葡萄牙派和法国派之间的竞争趋势。两个派系分别建造了"相互竞争"的教堂,分别建了不同的住房和不同的墓地。这种局面的起因是教皇最初宣布葡萄牙国王为保教者,按照1494年的《托尔德西里亚斯条约》授予其保教权和传教的义务。对此,法国国王路易十四(1638—1715)非常不满。有关传教士在华的情况信息从中国传到欧洲,被欧洲的知识分子获悉后,相应也形成了不同的反响和不同的流派,分别以德语区的莱布尼茨(Raum Leibniz)和法国的伏尔泰(Frankreich Voltaire)为代表。传教士发回的信息被总结成合集,比如在巴伐利亚创办了名为 *Der neue Welt-Bott* 的刊物,"欧洲在1642年到1726年间获得来自两个"印度"[1]和其他国家耶稣会士们写的各种充满启迪和创意的书信、文章和旅行报告"[2]。在法国,杜赫德(Jean-Baptiste Du Halde)将它们按照耶稣会规定的合理方法分类编辑成册。

杜赫德（1674—1743）是耶稣会士、地理学家和汉学家，尤其是因其所著的《中华帝国全志》[3]而知名。杜赫德一生在巴黎工作——他没有出行过，也没有去过中国，不会讲汉语。他平时活跃在宫廷的交际圈内，1711年开始接手格宾（Charles le Gobien）创办的刊物 Lettres édifiantes[4]，这是一份定期发行的刊物，用来刊登耶稣会传教士发来的那些"对人有熏陶作用的、包含大量信息的书信资料"，尤其是来自中国的资料[5]。

杜赫德的出版物不仅在法语区国家，同时凭借其译文也在欧洲其他国家成为知识分子关注中国问题时的必读之作。杜赫德也将南怀仁的汽车收录进出版物中[6]。格尔沃斯写道，欧洲对南怀仁的第一次"反应"，就是来自杜赫德关于中国和鞑靼地区的大篇幅描述[7]，其内容和在法国国家图书馆中收藏的一篇作者不明的译文的内容十分相近[8]。

杜赫德将南怀仁的发明写进了名为"论中国先进科技"的章节中。在第298段中，他对这项在京耶稣会士用来取悦皇帝的"汽动机"进行了描述（德语版本译文）[9]：

汽动机在很大程度上引起了这位伟大皇帝的注意。首先，他们制造了一辆长约两尺的四轮车。在中间放置一个装有炙热煤块的金属盆，其上是一个汽转球。就像风车的作用一样，汽转球的气体经过一个狭小通道后会喷到一个带有叶片的小轮盘上，进而带动另外一个插在车轴里面的轮子。通过这个作用力，车辆可以行驶两个小时。为了让车辆有足够的行驶空间，人们让它用下面

50

的方式做圆周运动:两个后轮的轴上连接一个牵引杆,该牵引杆的末端连接另外一个轴,此轴穿过另外一个略大于车轮的轮盘中心。根据该轮盘与车轮的距离不同,车辆就会沿或大或小的圆圈运动。遵循这个模式,也可以对四轮船的运动进行设置。汽转球隐藏在船身内部,由两个开口喷出的气体会作用于一个小型的风帆上,进而带动船只自己行驶很长时间。设置的巧妙之处体现在装置的隐藏上,人们只能听到近似自然界的风声或者船只通过水面的声音,除此之外什么也听不到。

维因猜测,杜赫德收录的文字是由南怀仁的拉丁文原文翻译成的法语译文。这个猜测不成立——杜赫德是在仔细研读了南怀仁《欧洲天文学》的"气体动力学"章节后用自己的话重新表述的[10]。

维因在其文章中[11]引用了杜赫德的相关文字,但是采用的是英语译文。英语版本如下:

"They (the jesuits) caused a waggon to be made of light wood about two feet long, in the middle of it they placed a brasen vessel full of live coals, and upon that an aeolipile (boiler), the wind of which came through a little pipe upon a sort of a wheel made like the sails of a windmill; this little wheel made turned another with an axle-tree, and by that means set the waggon in motion for two hours together; but lest room should be wanting to proceed constantly forward it was conriv'd to more circularly, in the following manner.

To the axle-tree of the two hind wheels was fixed a small beam,

and the end of this beam another axle-tree; which went through the center of another wheel somewhat larger than the rest; and according at this wheel was nearer a farther from the waggon it described a greater or lesser circle."

维因还补充道:"其后的段落描述了该设备如何应用在小船上。"

在杜赫德的基础上,维因继续写道:"如果我们要重造这个涡轮机,会装一个连接着小喷嘴的小型蒸汽锅炉。喷嘴的作用在于将蒸汽的力量作用于涡轮机的叶片,这是一个看起来像是风车的圆盘结构。也就是说,蒸汽流的方向多多少少与轴平行,不会呈直角。如果使用一个更大的转子和几个减速齿轮,汽车的速度可以保持在可控范围。转子看起来像风车,但并不意味着它一定要有四条帆布帆。"

耶金斯(Rhys Jenkins)的简要描述[12]表明,转向装置由一个可转动的臂携带[13]。维因认为,耶金斯的说法暗示了他是直接从南怀仁的描述中推导出的方法。他觉得可能后轴和第五轮(或者方向控制舵)可以独立于对方移动。第五轮控制后轴转向,进而控制车辆转向。

将南怀仁视为汽车"发明者"的托臣斯基[14]确实对第五轮存在的目的表示疑惑:"我不太清楚安装第五轮的意义所在,但一定是有作用的。考虑到汽车的功用目的[15],我相信,可以通过对这个轮子的调节来让车辆沿不同半径进行圆周运动。"[16]

对发明先后顺序问题的补充

杜赫德虽然很明显引用了《欧洲天文学》的内容,但是却没

7. 第一辆汽车在欧洲的反响

有提南怀仁的名字。杜赫德（有意）将南怀仁文章中的"我"改成了"他们"，也就是说"在北京的耶稣会士们"。格尔沃斯指出[17]，杜赫德这样做是要将发明归功于传教士闵明我（Grimaldi），他和舍尔[18]都认为杜赫德的这一做法纯粹是出于"爱国主义原因"[19]。这一错误[20]的后果就是，闵明我在尼德哈姆（J. Needham）[21]和德赫涅（J. Dehergne）[22]的文献中都（错误地）变成了发明者。

1626年，神父勒雷雄（1591—1670）在一部广受关注的著作中[23]展示了如何借助汽转球的开关来转动一个滚轮。看起来很明显，"南怀仁神父试图重复和进一步发展这位先驱的尝试"[24]。

艾克斯[25]强调，将勒雷雄原理发扬光大的贡献，不应"按照意大利传统"归功于意大利的闵明我[26]，而应该是南怀仁。

不仅是意大利的作家们（出于民族原因）将闵明我作为发明者，而且就连同时拥有记者、畅销科普书作家、汽车专家和《法国旅游俱乐部》杂志总编身份的邵尼尔（Louis Baudry de Saunier，1865—1938）[27]也在传播这种错误观点[28]。所有这些错误都基于对杜赫德著作里的"气体动力学"篇章的"肤浅解读"[29]。杜赫德在文中总结了这位南怀仁先辈的著作，但并未提及其姓名。因为杜赫德不方便像南怀仁在《欧洲天文学》中那样以第一人称"我"来叙述，所以将人称改为"他们"（在北京的耶稣会士们）——这样就导致了错误印象，让人觉得不是（这里没有提及姓名的）南怀仁而是（所谓的）先驱们才是真正的发明者。

53

【注释】

[1] 这里所说的两个"印度"是指印度和中国。由于当时印度和中国都是耶稣会士传教的地区,他们混淆了两个地名,把中国也称为印度。

[2] Joseph Stöcklein, Peter Probst, Franciscus Keller, Augsburg, Gratz:1726 - 1758.

[3] 法语版本:*Description de la Chine et de la Tartarie Chinoise.* Paris:1735;德语版本:*Ausführliche Beschreibung des chinesischen Reiches und der Tartarei*, Johann Christian Koppe, Rostock:1747 - 1756;英语版本:*The General History of China*;*Containing a Geographical, Historical, Chronological, Political and Physical Description of the Empire of China, Chinese-Tartary, Corea, and Thibet, including an Extract and Particular Account of Their Costums, Manners, Ceremonies, Religion, Arts and Sciences*, John Watts, 1736. 该书俄语版本于1774—1777年在俄罗斯圣彼得堡出版。

[4] *Lettres édifiantes et curieuses, écrites des missions étrangères par quelques missionaires de la Compagnie de Jésus.* Bd. IX - XXXVI; Paris:1709 - 1743。

[5] 并不喜欢贴近宗教的伏尔泰对杜赫德做出了很好的评价:"尽管他从未离开过巴黎,也不会汉语,但(他)在其他耶稣会兄弟的信息基础上做出了对中国的最全面和最好的描述。" Voltaire; *Le Siècle de Louis XIV.* Catalogue de la pluspart des écrivain franÇais qui ot paru dans le siècle de Louis XIV, pour servir à l'histoire littéraire de ce temps;Paris, 1751。

[6] 维因对此做出了说明,但却写道,杜赫德"1741年"出版的

7. 第一辆汽车在欧洲的反响

《中华帝国全志》一书中有对南怀仁"蒸汽机车"的描述。但这明显是错误的,有可能他指的是后来的版本(确实,*Description Géographique* 的第三和第四卷 1739 年就发行了第二版)。

[7] 参见《中华帝国全志》(第三卷),第 334 页。

[8] BNP, ms. Francais, Nr. 17239, fo 29v-30r; S. a.: Noël Golvers, Nicolaidis Efthymios; Ferdinand Vebiest and Jesuit Science in 17th century China. An annotated edition and translation of the Constantinopel manuscript(1676); Athen-Leuven, 2009;(Ferdinand Verbiest Institute, Katholice Universiteit Leuven. Leuven Chinese Studies XIX und Institute for Neohellenic Research. National Hellenic Research Foundation-108—Sources of Modern Greek Literature and Learning).

[9] Jean Baptiste; Johann Baptista Du Halde; Ausführliche Beschreibung des chinesischen Reiches und der groβen Tartarey: aus dem Französischenüb…ersetzt; 3. Band; Rostock, 1749(Verlag Koppe); S. 353.

[10] 这也就解释了,为什么文中出现的是"他们制造了一辆……车"——这里的他们会被理解为"耶稣会士"。事实上,南怀仁在原著中用的是第一人称"我"。维因为了坚持他翻译时忠实于原文的逐字逐句式的翻译理论,在这里绕了一个圈子,称"南怀仁所说的'他们'不是对他发明的否定,这里指的实际上是'我们'"。事实上,"他们制造了"这种说法来自杜赫德对南怀仁之前的耶稣教士在华工作的描述(参见下文的"对发明先后顺序问题的补充"内容)。

[11] 雷若·维因,《汽车之始祖——几乎被遗忘的流线型设计之始祖》,载于 1939 年麻省理工学院《科技评论》。

55

[12] 耶金斯,《汽车》,1902 年。

[13] 同上。

[14] 杰森·托臣斯基:《世界上第一辆汽车由弗拉芒教士在中国制造》,https://jalopnik.com/the-first-automobile-of-any-type-was-built-by-this-flem-452218957。

[15] 这里指的"功用"应该是为了给朝廷留下深刻印象。

[16] 杰森·托臣斯基:《世界上第一辆汽车由弗拉芒教士在中国制造》,https://jalopnik.com/the-first-automobile-of-any-type-was-built-by-this-flem-452218957。

[17] 诺埃尔·格尔沃斯:《南怀仁的〈欧洲天文学〉(迪林根:1687)——文本、翻译、笔记和评论》,第 308 页。

[18] 舍尔,*Peking Precursor A. Monography*,安大略,1984 年,第 14 页。

[19] 诺埃尔·格尔沃斯:《南怀仁的〈欧洲天文学〉(迪林根:1687)——文本、翻译、笔记和评论》,第 308 页。

[20] 同上。

[21] J. 尼德哈姆,《中国科学和文明》第三卷(《天地之数学和科学》丛书之一),1959 年,第 226 页,图 472。

[22] J. Derhergne;*Repertoire des jésuites en Chine de 1552 à 800* (*Bibliothieca Instituti Historici S. J.*;Bd. XXXVII);Rom,Paris,1973;S. 120.

[23] *Récréations Mathémetiques*;Pont-à-Mousson,1642.

[24] 雅克·艾克斯:《汽车因此而诞生》,第 15 页。

[25] 同上。

[26] 同上。

[27] 特别参考了邵尼尔的《汽车理论与实践》,第一卷:《汽油动

力摩托车与轿车》；1900年，第二卷：《汽油动力汽车》（德语版，1991年）。

[28] 特别是邵尼尔激起了艾克斯的这种不配合态度，他指责过艾克斯，称其没有注意到两者之间并无关联性，将给两位中国皇帝制造的、有50年时间差的两辆车并为一谈。（参见雅克·艾克斯的《汽车因此而诞生》第15页。）

[29] 同上。

南怀仁墓碑,位于北京耶稣会士墓地(也称"栅栏墓地")

8. 南怀仁的发明对100年后的伯克曼和200年后的奔驰及古伯察的影响

100年后

和现在的快节奏社会相比,科学发现和技术应用在那个时代具有更长的时效性。即使过去100年之后,南怀仁的《欧洲天文学》里的工程学部分仍具有时效价值。物理学家、数学家、气象学家和发明家约翰·劳伦兹·伯克曼(Johann Lorenz Böckmann)[1]于1775年了解到南怀仁的发明并乐此不疲地仿造了当时献给中国皇帝的车辆。和南怀仁一样,伯克曼不仅是理论科学家,同时还是实践应用者,希望用先进的技术让他的主人获得新奇的感觉[2]。

艾克斯[3]写道:"毫无疑问,他原本可以将造型换成三个轮子,把木头换成金属,把装有煤块的容器换成酒精灯,把旧式的木质轮盘换成齿轮,把汽轮机的作业由横向改为纵向[4]……尽管

如此，他没有删减也没有改变南怀仁玩具动力车的原理……如同第一个版本一样，这个第二版的仿制品也同样可以很好地工作。"[5]

伯克曼把他的仿制品用于其在卡尔斯鲁厄文理中学的教学中，在他去世之后，该仿制品被保存在了物理教具中[6]，现在丢失了（请参见后文"仿制品"内容）。

200年后

卡尔斯鲁厄文理中学教具中的这件仿制蒸汽车"1860年左右激发了一个热爱机车的男孩的梦想……这个男孩后来写道，他当时马上就萌生出要让机车开上马路的想法"[7]，要设计出一辆不需要马匹就可以像轨道上的火车一样在马路上行驶的车辆。

艾克斯认为："今天我们知道，孩童时期对某些事物的渴望对于将来的成年人有着多么重要的决定意义，即使我们已经忘记了它们[8]。卡尔·奔驰（Carl Benz）从未透露过他对机械运动的情有独钟是来源于当时对伯克曼汽车的热衷……"[9]，艾克斯很公道地承认了南怀仁的发明者身份，并不惜用几乎抒情的诗意来描述他："……因此，南怀仁神父在遥远的中国试图取悦一个年轻的皇帝，虽然徒劳无功，但却用原本供皇帝玩赏的玩具直接影响了汽车的历史，而且是在他去世200年之后，他的思想借助时间的翅膀悄悄又回来影响了后世。"[10]

在卡尔·奔驰的自传[11]中并没有提及伯克曼的模型，这在

1925年奔驰创立初期的欧洲政局下也算是在预料之中。卡尔·奔驰没有适应时代精神,相反,他也和当时大多数的评论家、政客、记者一样开始抱怨《凡尔赛条约》之后德国的生活状况、战争赔款、恶性通货膨胀,开始反对法国和一切服务于法国或法语区国家的事物[12]。不管人们多么认可他作为奔驰创始人的地位和身份,但卡尔·奔驰80岁时的人生回忆已经几乎充满着民族主义气息。在他的记忆中,已经没有那位去中国传教和作为德国工匠精神榜样的弗拉芒传教士的容身之地了——尽管他在法国的事业很成功而且他本人也对此感到很自豪[13]。

古伯察的成就

维因认为,南怀仁凭借其蒸汽动力车模型所取得的成就,既有直接的也有间接的证据。直接证据包括《欧洲天文学》里的和杜赫德的技术描述,而技术领域之外的间接证据[14]则包括古伯察在其著作中对19世纪中叶基督教在华传教的记录。

古伯察指出:"南怀仁的《欧洲天文学》记录了他在北京做过的几个实验,实验对象我们可以称之为蒸汽机。他将一个汽转球安装在车上,将其中产生的蒸汽传导到一个安装了四个叶片的圆盘上,以这种方式产生的运动通过一个齿轮传输到车轮上。只要有蒸汽,该装置就可以以较快的速度移动。通过一个舵柄就可以控制其运动方向。"[15]

古伯察认为最值得关注的不是车辆本身,而是其中的原理:"另外一项实验是将同样的装置安装到一艘小船上,同样很有效。

南怀仁神父在递交了这些实验的报告后还补充指出,因为蒸汽驱动的原理不变,所以可以很容易实现其他应用。"

对于古伯察来说,这是一个几乎充满文学色彩的问题:"谁知道,世界上第一辆汽车和第一辆汽动船会不会是在北京紫禁城的花园里,在一位天主教传教士的指导下实验成功的呢?这个曾经发明了指南针、火药和印刷术的民族,有理由在蒸汽动力方面也创造出最早的奇迹。"

和许多研究过南怀仁成就的人一样,古伯察也认为他是一个非同一般的人物:他"肯定是最杰出的北京老传教士之一。他的热情、他的品格和他的知识给宗教和耶稣会带来了很高的荣誉。他有着近乎神迹一般的适应能力,并且如此勤奋,以致他在本职工作之余开展的科研工作量也都已经达到了几乎不可思议的程度。除了大量的书信之外,他还为后世留下了30多部著作,其中有几部堪称是经典之作。他几乎一直在朝廷工作,要么是为皇帝授课,要么是从事其他一些有利于激发清朝官员好奇心的事务。他似乎精通所有领域,特别是在艺术和科技领域的造诣更是少有人能出其右。他在某些领域非常超前,很有可能他已经预见到了蒸汽动力这一重大发现日后的发展空间"[16]。

【注释】

[1] 约翰·劳伦兹·伯克曼（Johann Lorenz Böckmann）(1741—1802)曾在耶拿学习神学、数学和物理学,并于23岁时被任命为卡尔斯鲁厄文理中学教授。在当时侯爵统治的体系内,他晋升得很快,1776年成为高级公务员,1789年成为主管文教的专

员，1798 年成为机要专员。他为巴登侯爵成立了实体性质的内阁组织，并于 1778 年成立了一个气象研究所。他是多个科学研究院的成员，包括伦敦皇家学会和（选帝侯）巴伐利亚科学院。他是德国第一批尝试使用光学电报的科学家之一，被认为是电信技术的创始人之一。［其生平请参见：福格尔（Kurt Vogel）、伯克曼（Boeckmann）、洛伦茨（Johann Lorenz）的著作，柏林，1955 年，第 374 页。］

［2］ 1794 年，伯克曼用光学电报的形式向当时的巴登侯爵发送了生日祝福。

［3］ 雅克·艾克斯（1910—1978）生前是比利时赛车手、记者、汽车史学家、汽车刊物 *Moniteur Automobil* 的创办者，同时也是著名的赛车手杰克·艾克斯（Jacky Ickx）和帕西尔·艾克斯（von Pascal Ickx）的父亲。他的著作《汽车因此而诞生》包括两卷，赢得了由汇集英国和国际汽车记者的驾驶作家协会所授予的彭伯顿纪念奖杯。

［4］ 雅克·艾克斯：《汽车因此而诞生》（第 2 卷），第 105 页。

［5］ 同上。

［6］ 同上。

［7］ 同上。

［8］ 同上；可惜艾克斯并未给出支持他这个观点的论据基础。

［9］ 他甚至把这个章节修改为"传教士的遗产"。卡尔·奔驰（Carl Benz）1844 年出生于穆尔堡（今天卡尔斯鲁厄市的一个城区），1853 年开始在重视自然科学教育的卡尔斯鲁厄文理中学就读，1860 年（15 岁）通过卡尔斯鲁厄理工学院的录取考试。大学期间，他师从伦腾巴赫（Ferdinand Redtenbacher）。伦腾巴赫

"将机械制造从以手工业先验主义为主的基础高度提高到了高数应用的高度"（https：//de.wikipedia.org/wiki/carl_Benz）。该导师去世后，格拉斯霍夫（Franz Grashof）成了奔驰的导师，他是一个"杰出的理论家"（出处同上）。1864年7月，他大学毕业。1885年，他制造了第一辆汽油车，也被称为1号奔驰专利发动机汽车（柏林帝国专利局，专利号：37435），这是一个带有电子打火器和内燃发动机的三轮车。传记请见：Marie-Luise Broecker. *Benz，Carl-Friedrich*. in NDB，Bd 2，Berlin：1955；P. 57 and onward.（Digitalisiert）；Martin Grünewald und Wilhelm H. Williamson. *Carl Benz. Ein Leben für das Automobil*. Kehl：2013；Winfried Seidel. *Carl Benz. Eine badische Geschichte*. Weinheim：2005；Paul Siebtz. *Karl Benz. Ein Pionier der Verkehrsmotorisierung*. Stuttgart：1950；Paul Siebtz. *Karl Benz und sein Lebenswerk*. Stuttgart：1953.

［10］雅克·艾克斯：《汽车因此而诞生》，第105页。

［11］卡尔·奔驰：《一位德国发明家的生涯——一位八十岁老人的回忆》，汉堡，2012年（原版发行于1925年）。

［12］奔驰曾写道："德国人还是把头缩在自己的尖顶帽里，要不然他们会感谢这本让他们明白天才的法国人是怎样用他们的轻蔑来毒害他们的读物。法国人的这份聪明，形成了文字，有人买单，在德国大量散播，无异于一个充满恨意的作品，通过贬低德国的科技和艺术成就来说明我们精神上的下贱。"（出处同上书，第107页及后续几页）。

［13］同上书，第110页，卡尔·奔驰参考的依据是Baudry de Saunier的作品《汽车理论与实践》。

［14］雷若·维因：《汽车之始祖——几乎被遗忘的流线型设计之始

祖》，载于1939年麻省理工学院《科技评论》。

[15] 古伯察：《中国基督教》（第三卷），1858年，第134页及后续几页。

[16] 同上书，第134页。

康熙皇帝

9. 世界上第一辆汽车的发明及演示时间

很难准确判定第一辆"能够自动行驶的蒸汽车"[1]的发明和在皇宫中的演示时间,但可以界定到一个时间范围。史蒂默在其关于汤若望和在华传教活动的著作中把南怀仁的发明时间确定为1672年[2],这个时间也被随后的主流科学文献所沿用[3]。

耶稣会历史学家勒雷（Francis Rouleau）[4]从南怀仁的文章中寻找到了依据：在"气体动力学"一章中,南怀仁称是"三年前"（他开始研究蒸汽压力时）开始着手制造车辆。但《欧洲天文学》的出版时间1687年不是其写作时间,因为"从很多同时代的学者那里可以得知,作者于1681年将原著托付给同为传教士的朋友柏应理（Felipe Couplet）（1623—1693）神父"[5]。

柏应理当时正准备返回欧洲。1687年,在其主导下,他联合几位其他耶稣会士在巴黎共同出版了拉丁文巨著《中国贤哲孔子》。

与南怀仁同为比利时传教士的柏应理将南怀仁的著作带回欧洲,后来又花了不少时间才将手稿送至迪林根的Johannis Caspari Bencard, Bibliopiae Academici per Joannem Federle出版社出版。

所以,1681年手稿离开中国的时间是反向推理南怀仁1687

年著作中提到的"三年"时间的最早可能的参照点。如果考虑到还有规划、构思和设计的时间，可能还会更早。

勒雷认为应该是1678年，将其称为是"最有可能的发明时间"[6]。

推理的基础是假定南怀仁自1660年开始在京生活，耶稣会士于1664/1665年受到迫害，汤若望1665年1月15日被判死刑随后获释并于1665年7月去世，之后需要若干年辛苦工作才能重建耶稣会的声望，直到南怀仁得以接替汤若望的职位。这样距离南怀仁17世纪70年代初可以专注进行（包括但不限于天文学的）科学研究之前，中间所剩时间无几。

此外，但凡是科学发现都很难仅靠灵感一蹴而就，而是需要长时间去研究，想法的成熟过程需要一个较长的时间段。

基于上述分析，就可以将（南怀仁一个人，而不是研发团队）发明第一辆机车的历程限定在1670年至1678年间。这也是舍尔认为可能的时间[7]。

1912年南怀仁传记的作者博斯曼也提出了同样的问题："这项发明应该追溯到什么时间？"[8]因为南怀仁在《欧洲天文学》中提到他"三年前"开始有这个想法，所以最关键的是要"确定《欧洲天文学》的写作时间"。柏应理1687年在迪林根出版了该书，但是博斯曼认为，写作时间应远远早于这个时间："南怀仁和他的朋友柏应理应该在中国的时候就商议好了著作的出版环节。"[9]手稿1681年由柏应理经澳门带回欧洲。"另外，南怀仁很显然直到最后一刻还在进行《欧洲天文学》的撰写"[10]。博斯曼由此得出结论："如果历史真是这样，南怀仁的汽车是1678年建造的。"

布隆德[11]也认为是1678年至1679年，而格尔沃斯则认为这是一个"错误的假设"[12]。

关于1678年：艾克斯提醒不要忘记牛顿（Isaac Newton）1680年的重要实验[13]；博斯曼则指出，帕潘（Papin）应该是有意义的参照比对[14]："我提醒，帕潘在其1707年在莱比锡完成的著作 *Ars nova ad aquam ignis adminiculeo efficacissime elevandam* 中描述了著名的蒸汽机，并于1690年制造了活塞式蒸汽机。"[15]

格尔沃斯对第一辆汽车展示时间的描述则更为明确："因为《欧洲天文学》写于1679年（1680年年初），所以这个时间点应该在1676年（1677年）。"[16]

界定为这个时间段，应该对我们是很有帮助的，格尔沃斯指出，因为这样可以解释"为什么南怀仁的发明在欧洲其他来自中国的资料中或被遗忘或被跳过"[17]。因为战争原因，1674年至1677年间"北京、华南、澳门和欧洲之间的接触被隔断，1677年至1680年的耶稣会年度报告试图总结过去五年的重要事件和成果并做出了选择"[18]。

如果我们将1676/1677年假定为"展示时间"，也不排除南怀仁是经历了一个漫长的过程才将技术酝酿成熟的可能性，他"非常可能在该时间点之前就已经开始进行蒸汽实验了"[19]。这一点特别适用于此前提到的玩具汽动船。

傅尔淑[20]向人们介绍[21]了"南怀仁的一项发明是可以驱动一艘玩具船在水上行驶并演奏音乐的玩具蒸汽机。这个装置深得皇帝的哥哥爱新觉罗·福全的喜爱，以至于他因此帮助耶稣会重新掌管了天文历算的权力"[22]。这一点和《欧洲天文学》的记录相吻合。这就意味着，南怀仁早在耶稣会士重新执掌皇家观象台之前，也就是说在1669年之前就已经为爱新觉罗·福全[23]演示过"汽动船"了，他在遭软禁期间（1665—1669年）就已经研究蒸汽动力了。

在将蒸汽用于小型车驱动方面（1676/1677 年），南怀仁比 1680 年研究蒸汽机的牛顿早了 3～4 年，但是牛顿"在技术上要超前很多"[24]。

"可能牛顿不会在他的玩具上投入太多精力，因为他满足于对反作用力的研究。此类驱动只有当机车速度能够达到燃气机车速度一半的时候才会发挥效用。牛顿的小车可能能够以每小时几十米的速度移动。"[25]

这个时间段，也正是勒雷所想象的那些场景发生的时间。

【注释】

[1] 埃斯特·史蒂默：《携望远镜和〈圣经〉到金銮宝殿——汤若望（1592—1666）：皇帝的天文学家、朋友和顾问》，第 223 页。

[2] 出处同上：1669 年，南怀仁主持钦天监并总领朝廷的数学事务。1673 年，他改造了皇家观象台并设计了几个著名的天文仪器。这些仪器至今仍在北京观象台里（一个天球仪、一个六分仪、一个象限仪和三个浑天仪）（参见：盖尔德·特莱菲尔的《在华耶稣会传教活动》第 83 页。）南怀仁发明和演示装置的时间，在其刚刚就任初期，同时也是他为了展示欧洲科学水平而同时展开多项工作的时期。

[3] 参见：http://de.wikipedia.org/wiki/Ferdinand_Verbiest；杰森·托臣斯基：《世界上第一辆汽车由弗拉芒教士在中国制造》，https://jalopnik.com/the-first-automobile-of-any-type-was-built-by-this-flem-452218957；阿拉斯代尔·威尔金斯：《谁发明了世界上第一辆汽车？》https://jalopnik.com/who-invented-the-worlds-very-first-car-5816040。

[4] 根据勒雷提供的资料，他曾在上海任历史学教授工作多年，其间

9. 世界上第一辆汽车的发明及演示时间

有机会在上海耶稣会图书馆研读南怀仁的《欧洲天文学》（参考：弗朗西斯·勒雷：《汽车发明于中国》，*Revista javeriana*，1953年第39卷，第308页及后续几页）。

［5］ 同上。

［6］ 弗朗西斯·勒雷，《汽车发明于中国》，第311页；博斯曼：《南怀仁——北京钦天监监正（1623—1688）》，第106页及后续几页。

［7］ 舍尔的《中国——人间天堂》第10页中描述："介于1670年和1678年的某个时间"。

［8］ 博斯曼：《南怀仁——北京钦天监监正（1623—1688）》，第106页。

［9］ 同上。

［10］ 同上。

［11］ R. A. Blondeau; Mandarjn en astronoom. Ferdinand Verbiest S. J. (1623 - 1688) aan het hof van de chienese keizer. Brügge and other places: 1970, P. 399; Ferdinand Verbiest S. J. als wetenschapsmens. Roesbrügge: 1988, P. 135。

［12］ 诺埃尔·格尔沃斯：《南怀仁的〈欧洲天文学〉（迪林根：1687）——文本、翻译、笔记和评论》，第309页。

［13］ 雅克·艾克斯：《汽车因此而诞生》，第15页。

［14］ 博斯曼：《南怀仁——北京钦天监监正（1623—1688）》，第107页。

［15］ 同上。

［16］ 诺埃尔·格尔沃斯：《南怀仁的〈欧洲天文学〉（迪林根：1687）——文本、翻译、笔记和评论》，第309页。

［17］ 同上。

［18］ 诺埃尔·格尔沃斯：《南怀仁的〈欧洲天文学〉（迪林根：

1687）——文本、翻译、笔记和评论》，第 309 页；另参见耶稣会罗马档案馆日本和中国部分，编号：116，对开页：215。

［19］诺埃尔·格尔沃斯：《南怀仁的〈欧洲天文学〉（迪林根：1687）——文本、翻译、笔记和评论》，第 309 页。

［20］傅乐淑：《中西交通编年史（1644—1820）》（第二卷），亚利桑那大学出版社，1966 年，第 451 页。

［21］格尔沃斯抱怨，傅乐淑此处的介绍并无（中文）资料来源说明。

［22］诺埃尔·格尔沃斯：《南怀仁的〈欧洲天文学〉（迪林根：1687）——文本、翻译、笔记和评论》，第 309 页。

［23］同上。

［24］雅克·艾克斯：《汽车因此而诞生》，第 15 页。

［25］同上。

耶稣会士、画家郎世宁（1688—1766）一幅绘画的部分近景

10. 文学再现

勒雷在其《汽车发明于中国》[1]一文中（以虚构的方式）描述了当时南怀仁为皇帝进献和演示汽车的情景。读者可以从中了解到自1644年开始清朝定都北京后的第二代皇帝康熙皇帝[2]执政时的宫廷情景。

他事先声明："为了让读者更直观地了解南怀仁第一次演示发明的过程，本文对（所描述的）场景进行了戏剧化处理。"他承认，"人们不清楚这位传教士什么时候和用何种方式在宫廷中演示了他的汽车"[3]。他的猜测是建立在较为雄厚的史料基础之上的，只能说当时很可能是这样。

经过了一年一度的夏季狩猎之后，在一个秋高气爽的夜晚，康熙皇帝从炎热的满洲草原御驾返京。途中尘土飞扬，紧随皇帝身后的是八名鞑靼（满族）骑兵。在离京城城墙不远处，一行人马停下来。马路边有三名西洋（欧洲）绅士侧立恭候，均胡须特异、身着礼服、头戴礼帽。只见三人皆跪拜，对着天子磕头九次。其中一人着丝绸礼服，上面清晰可见金凤凰图样，这是清朝极高的身份象征。此人保持跪拜，转向皇帝言道：

"陛下，我等微臣担心陛下安康，特来迎候陛下回京。"说到此处，一众人等再次磕头。尽管骑在马上的王子们已经显得有些嫉妒和不耐烦，开始扮起鬼脸，但作为一国之君的康熙皇帝显然很高兴再次见到他器重的西洋天文学家和工程师们。他先以礼相迎，然后就直接问起科学观测、火炮制造和建筑工程方面的最新进展。他让属下从自己的茶壶中赐茶给这些西洋人，这是一种极高的荣誉。之后命其退去，"明天再来殿前。"传教士们再行叩拜礼，拜别皇帝和对他们怀有敌意的随行人员。[4]

勒雷写道，这次与皇帝的见面是虚构的。但他认为，传教士在皇帝长时间离宫休养或征战返京时在城外迎接，是合理的。但"康熙皇帝当时停下来与传教士进行近距离沟通，却是不寻常的"[5]。当然文学描述中的场景和对话纯属虚构。勒雷继续形象地描述道：

第二天在大殿中，皇帝和大臣们带着好奇和惊讶，观赏着一个有待皇帝评判的奇怪装置。在平整的软地板上，一辆小小的木车仅凭自己的力量就沿圆周行驶了一个小时。在此过程中，那个身着锦衣、胸前有金凤凰刺绣的传教士向目瞪口呆的大家揭示了蒸汽动力的秘密。这就是历史上第一次汽车的演示。[6]

【注释】

[1] 弗朗西斯·勒雷：《汽车发明于中国》，*Revista javeriana*，1953年第39卷。

[2] 爱新觉罗·玄烨，1654年出生，年号康熙。他是清世祖爱新觉罗·福临（顺治皇帝）的第三个儿子。

[3] 弗朗西斯·勒雷：《汽车发明于中国》，*Revista javeriana*，1953年第39卷。

[4] 同上。

[5] 同上。

[6] 同上。

南怀仁的汽车(图片来自 18 世纪印刷品)
作者不详,可能是伯克曼(Johann Lorenz Böckmann,1741—1802)的仿制品图片

11. 图形描述

我们目前尚未了解到,南怀仁的汽车在发明之时是否有图形描述[1]。《欧洲天文学》中没有包含任何插图。格尔沃斯认为,今天广为流行的那些图形描述都起源于伯克曼仿造的车辆[2]。

托臣斯基[3]和史蒂默[4]都对南怀仁的车辆进行了相同的图形描述,后者给出的出处是"十八世纪印刷,作者不详"[5]。格尔沃斯在其著作中的图形描述则更加细致[6]。

张西平教授指出:"今天,比利时的汽车博物馆里还陈列着一尊南怀仁雕像,这是汽车行业对其贡献的认可。"[7]在比利时的大型汽车博物馆"汽车世界"[8]中虽然没有这尊雕像,但是却有一幅1923年南怀仁300周年诞辰之际所发行海报的大型复制品。在"汽车世界博物馆的比利时展区"[9]还有一个南怀仁纪念展板,上面用法语、荷兰语、英语和德语写着"南怀仁诞辰纪念海报……耶稣会士南怀仁是中国皇帝的天文智囊,曾对其子女授课并在业余时间制作了一系列科学玩具,例如开发出了一部可以自动行驶的蒸汽机"[10]。从海报上可以看到《欧洲天文学》的封面和"气体动力学"一章的图像。比利时另外一家大型的汽车博物馆Communal de l'Automobile Mahymobiles[11]中同样也没有雕像，但是却指出在皮特姆有一尊由艺术家勒隆（Jacques Lelong）创作的南怀仁塑像[12]。

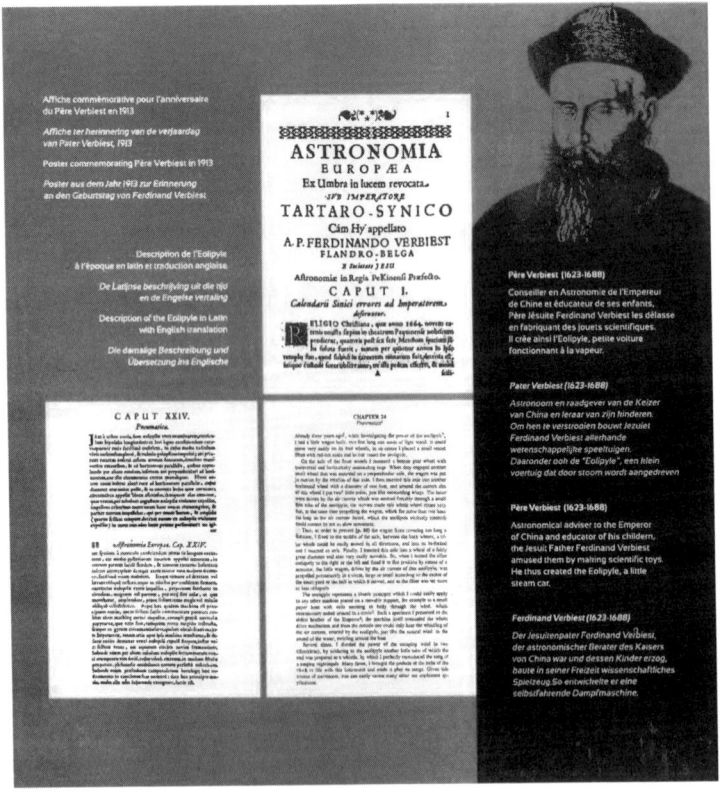

布鲁塞尔汽车博物馆里介绍南怀仁的展板

仿制品

据格尔沃斯记载，在世界汽车史上只有少数几次对南怀仁车辆的仿造尝试[13]。他把伯克曼 1775 年的仿制品[14]视为最早的一个，这个样品今天"已经丢失了"[15]。

第二次尝试由杜耶（Charles E. Duryea）（1861—1938）[16]完成于 20 世纪 30 年代。他按照《欧洲天文学》中的描述绘制了设备图纸，但并未真正仿制[17]。慕尼黑的科技史学家、工程师以及德意志博物馆的高级馆藏员劳克（Max Rauck）（1907—1996）为其提供了信息支持。

艾克斯提到，"神父南怀仁制作的车辆，被展现为一个带有现代化柱形蒸汽锅炉和带有龙爪和龙角的飞龙装饰车身的形象"[18]，并且这种形象被广泛传播。他进一步指出，这种展示纯粹属"非正统的记载"[19]，属于杜耶臆想的版本[20]。

格尔沃斯引用天主教鲁汶大学南怀仁学院创始人亨德里克斯（Jeroom Heyndrix）的观点论述道，较新的一次尝试由舍尔完成。"舍尔制造出了一个能够有效作业的复制品"[21]："他首先分析了《欧洲天文学》，但因为该文字内容不完整，所以他仍需就几个要点进行推测"[22]。亨德里克斯联系了舍尔，将从后者那里得到的照片资料收录进了名为"China Hemel en Arde"（《中国——人间天堂》）[23]的展览目录[24]。车辆复制品目前的所在地不详。

由南怀仁家乡皮特姆地区的技术学校（VTJ Tielt）于 1988 年间[25]完成的复制品陈列在皮特姆集市广场的南怀仁游客接待中心[26]。这里展出的另外一个复制品与《欧洲天文学》中的描述

不符，是由当地历史学家科尼克（Wiky De Conink）于2014年完成的[27]。

在张西平教授的书[28]中，我们可以看到一幅机动船的模型示意图[29]。因为南怀仁在《欧洲天文学》中没有展示任何插图，所以该书的插图（也依其绘画方式判定）应该也是后来的假想图。

南怀仁游客接待中心展示的仿制品，由皮特姆的技术学校制作

【注释】

[1] 诺埃尔·格尔沃斯：《南怀仁的〈欧洲天文学〉（迪林根：1687）——文本、翻译、笔记和评论》，第309页。

[2] 同上。

[3] 托臣斯基：《世界上第一辆汽车由弗拉芒教士制造》（未注明进一步的出处）。

[4] 埃斯特·史蒂默：《携望远镜和〈圣经〉到金銮宝殿——汤若望（1592—1666）：皇帝的天文学家、朋友和顾问》，第223页。

[5] 同上书，第357页。

[6] 诺埃尔·格尔沃斯：《南怀仁的〈欧洲天文学〉（迪林根：1687）——文本、翻译、笔记和评论》，第496页及后续几页

（插图 38 a、38b）和舍尔的复制版本《中国——人间天堂》第 12 页的插图来源说明和第 375 页。

[7] 张西平：《跟随利玛窦到中国》，第 88 页。

[8] 参见 www. autoworld. de。

[9] 参见布鲁塞尔汽车博物馆新闻发言人 Patrica Raes 1917 年 12 月 21 日的信函。

[10] 参见展板内容。

[11] 参见 www. mahymobiles. de。

[12] 参见 2018 年 1 月 13 日 Ivan Mahy 的信函。

[13] 诺埃尔·格尔沃斯：《南怀仁的〈欧洲天文学〉（迪林根：1687）——文本、翻译、笔记和评论》，第 309 页。

[14] 同上。

[15] 同上；朱丽·罗格在卡尔斯鲁厄合集中的研究证实了这一点。

[16] 工程师杜耶（1861—1938）被视为美国第一辆燃气动力汽车的设计者和杜耶发动机公司的创始人之一，参见：*Auto-Mobiles, 1906 The Automobile Book. A Practical Treatise on the Construction, Operation and Care of Motors Cars Propelled by Gasoline Engines*; with Full Explanations of All Essential Parts; Duryea Charles, James E Homans; The Automobile Book; New York, 1916。

[17] 诺埃尔·格尔沃斯：《南怀仁的〈欧洲天文学〉（迪林根：1687）——文本、翻译、笔记和评论》，第 309 页。

[18] 雅克·艾克斯：《汽车因此而诞生》（第一卷），第 16/19 页。

[19] 同上。

[20] 他认为杜耶是"美国汽车史上的一个不一定经得起考究的先驱"。杜耶 1937 年 70 岁时发现了《欧洲天文学》一书，由此

看到了一个能够帮助他重回舞台的机会。他称,如果有人愿意出资,他可以建造一个"1672 年在中国制造的汽车的复制品并亲自乘坐"。艾克斯补充道"看来杜耶对于模型的尺寸是一无所知的"。(来源同上)

[21] 诺埃尔·格尔沃斯:《南怀仁的〈欧洲天文学〉(迪林根:1687)——文本、翻译、笔记和评论》,第 309 页;同上;格尔沃斯的依据是舍尔 1991 年 1 月 3 日的一封信函,但未提到其他具体细节。

[22] 参见舍尔的《中国——人间天堂》。

[23] 复制品并未在此次展览展出,其作者此时(1988 年)已去世。

[24] 参见诺埃尔·格尔沃斯在 2017 年 12 月 14 日的书面声明。

[25] 参见 2018 年 1 月 8 日南怀仁游客接待中心信函。

[26] 参见:http://www.pittem.be/website/173-www/213-www.html。

[27] 同上。

[28] 张西平:《跟随利玛窦到中国》,第 89 页。

[29] 未注明资料来源。

原著参考文献

古籍印刷资料

Astronomia Europaea sub Imperatore Tartaro Sinico Cam Hy Ex Umbra in Lucem Revocata a R. P. Ferdinand Verbiest, Flandro Belga e Societate Jesu Academiae Astronomicae in Regia Pekinensi Praefecto cum Privilegio Caesari et facultate Superiorum; Dillingen: Johann Caspar Bencard Bibliopolae Academici, 1687

Le Gobien, Charles; Lettres édifiantes et curieuses, écrites des missions étrangères par quelques missionaires de la Compagnie de Jésus; Paris: Zeprint, Wentworth, 1709 – 1745

Du Halde, Jean Baptiste ; Description de la Chine et de la Tartarie Chinoise; Paris: P. G. Lermercier 1747 – 1756 (Deutsch: Johann Christian Kappe; Ausführliche Beschreibungen des Chinesischen Reiches und der Tartarei; Rostock, 1747 – 1756)

Huc (Abbé); Christianity in China; Paris: Longman, 1858

Kirchner, Athanasius; Magnes sive de arte magnetica opus tripartitum; Rom: Ludovico grigani, 1641 (2 Aufl.: 1642; 3 Aufl.: 1643)

Leurechon, Jean; Récréations Mathématiques; Pont-a-Mousson: Jean Appiel Hanzelet, 1642

Der Weltbott (Hrsgb. von Joseph Stöcklein, Peter Probst, Franciscus Keller); Allerhand so lehr-als geistreich Brief, Schrifften und Reis-Beschreibungen, welche von den Missionarii der Gesellschaft Jesu aus beyden Indien und anderen über Meer gelegenen Länder seit An 1642 bis auf des Jahr 1726 in Europa angelangt seien; Augsburg, Graetz, 1726 – 1758

书籍和文章

Ade, Rainer; Mythos Auto. Des Deutschen Liebstes Kind; München: Der quereinsleiger, 2013

Arckx, Valere und Blondeau, Roger; Ferdinand Verbiest (1623 - 1688). Jesuit Missionary, Scientist, Engineer and Diplomat; Nettetal: Steyler Verlag, 1995

Baudry de Saunier, Louis; Das Automobil in Theorie und Praxis; Bd. 1, Das Motorcycle und die Voiturette, 1900; Bd. 2, Das Automobil mit Benzinmotoren (Deutsch: Brand, 1991)

Benz, Carl; Lebensfahrt eines deutschen Erfinders. Erinnerungen eines Achtzigjährigen (Nachdruck) Hamburg: SEVERUS Verlag, 2012; (Originalausgabe: 1925)

Blondeau, Roger; Mandarijn en astronoom. Ferdinand Verbiest S. J. (1623 - 1688) aan het hof van de chinese keizer ; Brügge u. a. : Desclée De Brouwe, 1970

Ders. ; Ferdinand Verbiest S. J. als wetenschapsmens; Roesbrügge: Schoonaeit, 1988

Bosmans, H.; Ferdinand Verbiest. Directeur de l'Obsérvatoire de Peking; Löwen: Tc. Ceúlerik, 1912

Ders. ; Ferdinand Verbiest. Directeur de Obsérvatoire de Peking (1623 - 1688); in: R. Qu. Sc (Revue des Questions Scientifiques) Jg. 71/1912, S. 195 ff.

Boumann, J. ; Oude auto's en hum makers; Bussum: Unieboek, 1964

Cantor, Moritz; Verbiest, Ferdinand, in: Allgemeine Deutsche Biographie (ADB); Bd. 39, Leipzig: Dunker unol Humblot, 1889

Carton, C. ; Notice biographique sur le Père F. Verbiest; Brügge: O. V. , 1839

China hemel an aarde - 500 jaar uitvindingen en ontdekkingen (tentonstelling...16. September 1988-16 januari 1989); Katalog; Brüssel: Koninklijke Musea voor Kuust en geschiedenis. , 1988

Collani, Claudia von; Verbiest, Ferdinand; in: Biographisches-bibliographisches Kirchenlexikon (BBKL), Bd. 12; Bautz-Herberg, 1977

Dehergne, J. ; Repertoire des jésuits en Chine de 1552 à 1800 (Bibliotheca Instituti Historiici S. I. , Bd. XXXVII) ; Rom, Paris: Inshtutom Hishoncom S. J. und Letouzey et Ane, 1973

Dureya, Charles; Auto-Mobiles; o. O. , 1906

Ders. ; A Practical Treatise on the Construction an Care of Motor Cars Propelled by

Gasoline Engines with Full Explanation of All Essential Parts Ders. und Homans, James; The Automobile Book; New York, 1916

Eckermann, Erik; World History of the Automobile; o. O. ; 2001

Golvers, Noël; The Astronomia Europaea of Ferinand Verbiest (Dillingen, 1687). Text, Translation, Notes and Commentaries; Jointly published by Institut Monumenta Serica Sankt Augustin-Monography Series, Bd. XXVII and Ferdinand Verbiest Foundation; Löwen, Nettetal: Sleyler Verlag, 1993

Ders. (Hrsgb.); The Christian Mission in China in the Verbiest era. Some Aspects of the Missionary Approach; Löwen: Leuven University Press, 1999 (Louvain Chinese Studies 6)

Ders. Und Efthymio Nicolaidis; Ferdinand Verbiest and the Jesuit Science in the 17th century China. An annotated edition and translation of the Constantinopel Manuscrit (1676). (Ferdinand Verbiest Institute, Katholice Universiteit, Löwen-Leuven Chinese Studies, XIX und Institute for Neohellenic Research. National Hellenic Research Foundation; 108, Sources of Modern Grrek Literature and Learning) Athen, Löwen, 2009

Haub, Rita; Matteo Ricci. Botschafter Europas und erster Weltbürger Chinas; in: RiRita Haub und Paul Oberholzer; Matteo Ricci und der Kaiser von China. Jesuitenmission im Reich der Mitte; Würzburg: echler, 2010

Dies und Julius Oswald; Franz Xaver-Patron der Mission. Festschrift zum 450 Todestag (Jesuitica, Bd. 4); Regensburg: Schnell und Steiner, 2002

Hildburg, W. L. ; Aeolipiles as Fire-Blowers, In: Archeologica or Misscelaneous Tracts related to Antiquity; Jg. 94/ 1951

History Recorded by the Stones; The 400 year Story of the Cemetery of Matteo Ricci and other foreign Missionaries; Hrsg. vom Bejing Administrative College; Peking: Beijing Publishing House, 2010

History Recorded on Stone; The Cemetery of Matteo Ricci and other foreign Missionaries during four turbulent Centuries; Hrsgb. vom Beijing Administrative College; Peking, 20Huc, E. R. ; Le christianisme en Chine; Db. 3, Paris, 1875

Ickx, Jacques; Ainsi naquit l'automobile; Bd. 2, Lausanne: edita, 1961

Josse, H. und Willaert, L. ; Correspondance de Ferdinand Verbiest; Brüssel, 1936

Lo-Shu, Fu; A documentary chronicle of sino-western relations (1644 – 1820); 2 Bände, Tuscon: University of Arizona Press, 1966

Needham, J. ; Science and Civilisation in China; Bd 3: Mathematics and the Sciences of Heavens and the Earth; Cambridge: Cambridge University Press, 1959

Rabbaey, E. ; Eerw Pater Ferdinand Verbiest 1623 – 1688; Brügge, 1903

Rende, Georg; Der Eroberer Franz Xaver. Erzählungen; Freiburg, 2. Aufl. , 1965

Rouleau, Francis; el automovil fue inventando en China; in: Revista javeriana (bd. 39); Bogota, 1913

Saunier, L. Baudry de; Histoire de la locomotion terrestre; Paris: Hammarion, 1936

Schnabel, Ulrich; und es bewegt sich doch. Leonardos „Automobil" wurde nach 500 Jahren erstmals gebaut; in: Die Zeit 21/2004 (13. Mai 2004)

Scheels, J. D. ; Peking Percursor. A Monography; Ontario: Dentschi Delivs und Klasing, 1984

Schröder, Albert; Der Püsterrich von Sondershausen; in: Das thüringische Fähnlein, Heft 7/1934

Seitz, Konrad; China. Eine Weltmacht kehrt zurück; München: goldmann, 2006

Spitzer; Alain und Alison; Grand Theft Auto. How citizens fought for the American Dream, Danville: New Year Publishing, o. J.

Stodola, Aurel Hrsgb.); Die Dampfturbinen; Springer: Salzcsasser Veolay, 1910

Stürmer, Ernst; Mit Fernrohr und Bibel zum Drachenthron; Adam Schall S. J. (1592 – 1666): Astronom, Freund und Ratgeber des Kaisers von China; Hamburg: tradition, 2013

Thwing, Leroy; Automobile Ancestry. Nearly forgotten forbearers of streamline 1939; in: Technology Review; Cambridge (Mass.), 1939

Treffer, Gerd; Kleine Ingolstädter Stadtgeschichte; Regensburg: Poslet, (2. Aufl.), 2010

Ders. ; Perlen aus der Geschichte Foshans; (Reihe: Aus Ingolstädter Partnerstädten,

Bd. 5); Ingolstadt: HMK-mutimedia, 2015

Ders. ; Jesuitenmission in China. Der Jesuitenfriedhof in Peking; Ingolstadt: Hodl Ingolstadt, 2016

Verhaeren, H. ; Wang Tcheng et la mécanique; in: B. C. P. (Bulletin Catholique de Pekin) 34/1947, S. 178 ff.

Vogel, Kurt; Boeckmann, Johann Lorenz; in: NDB (Neue Deutsche Biographie), Berlin, 1955

Witek, J. W. (Hrsgb.); Verbiest. Jesuit Missionary, Scientist, Engineer and Diplomat; Nettetal: Steyler Verlag, 1994

Walravens, H. ; Vorhersagen von Sonnen-und Mondfinsternissen in mandschurischer und chinesischer Sprache; in: MS (Monumenta Serica) 35/1981-1983, S. 431 ff.

Xiping, Zhang; Following the Steps of Matteo Ricci to China; Peking: China Intercontinental Press, 2006

网络资料

https://www.britannica.com/EBchecked/topic/625887/Ferdinand-Verbiest (Encyclopedia Britannica)

https://jelopnik.com/the-first-automobil-of-any-type...452218957; Jason Torchinsky, The first automobile of any type was built by this Flemish priest in China

https://www.leonardodavinciinventions.com/mechanical-inventions

https://www.orden-online.de/wissen/v/verbiest-ferdinand

https://org/details >/die dampfturbie02; [Stopola, Aurel (Hrsgb.); Die Dampfturbinen; Springer, 1910]

https://de.wikipedia.org/wiki/heronsball

https://www.crisismagazine.com/2014/verbiest; (Rutler, Georg; Verbiest. The priest who invented the automobile)

https://www.srt.upb.de/start/die automatischen Tempeltüren.html

https://jalopnik.com/5816040/who invented... (Wilkins, Alasdair; who invented the worlds very first car.)

后　记

　　奥迪英戈尔斯塔特孔子学院计划在上文中提到的《欧洲天文学》相关篇章及本书所收录的指导信息的基础上，于2018—2019年联合英戈尔斯塔特技术大学，合作完成用于再建南怀仁汽车的设计图纸，并在图纸基础上制造多辆南怀仁汽车的仿制品。